**essentials

essentials liefern aktuelles Wissen in konzentrierter Form. Die Essenz dessen, worauf es als „State-of-the-Art" in der gegenwärtigen Fachdiskussion oder in der Praxis ankommt. *essentials* informieren schnell, unkompliziert und verständlich

- als Einführung in ein aktuelles Thema aus Ihrem Fachgebiet
- als Einstieg in ein für Sie noch unbekanntes Themenfeld
- als Einblick, um zum Thema mitreden zu können

Die Bücher in elektronischer und gedruckter Form bringen das Expertenwissen von Springer-Fachautoren kompakt zur Darstellung. Sie sind besonders für die Nutzung als eBook auf Tablet-PCs, eBook-Readern und Smartphones geeignet. *essentials:* Wissensbausteine aus den Wirtschafts-, Sozial- und Geisteswissenschaften, aus Technik und Naturwissenschaften sowie aus Medizin, Psychologie und Gesundheitsberufen. Von renommierten Autoren aller Springer-Verlagsmarken.

Weitere Bände in der Reihe http://www.springer.com/series/13088

Sigrid Endres · Jürgen Weibler

Plural Leadership

Eine zukunftsweisende Alternative zur One-Man-Show

Dr. Sigrid Endres
Lehrstuhl für Betriebswirtschaftslehre,
insb. Personalführung und Organisation
FernUniversität in Hagen
Hagen, Deutschland

Univ.-Prof. Dr. Jürgen Weibler
Lehrstuhl für Betriebswirtschaftslehre,
insb. Personalführung und Organisation
FernUniversität in Hagen
Hagen, Deutschland

ISSN 2197-6708 ISSN 2197-6716 (electronic)
essentials
ISBN 978-3-658-27115-2 ISBN 978-3-658-27116-9 (eBook)
https://doi.org/10.1007/978-3-658-27116-9

Die Deutsche Nationalbibliothek verzeichnet diese Publikation in der Deutschen Nationalbibliografie; detaillierte bibliografische Daten sind im Internet über http://dnb.d-nb.de abrufbar.

Springer ist ein Imprint der eingetragenen Gesellschaft Springer Fachmedien Wiesbaden GmbH und ist ein Teil von Springer Nature.
Die Anschrift der Gesellschaft ist: Abraham-Lincoln-Str. 46, 65189 Wiesbaden, Germany

Was Sie in diesem *essential* finden können

- Einen Einblick in gewandelte Führungsverständnisse und die Entstehung von Plural Leadership
- Einen strukturierten Überblick über Formen von Plural Leadership *(Co-Leadership, Führungsdual, Verteilte Führung, Shared/Collective Leadership)*
- Eine kritische Forschungssynopse zur Relevanz und den Effekten von Plural Leadership
- Fundierte Gestaltungsvorschläge für die praktische Umsetzung von Plural Leadership
- Key Take Aways für den Führungsalltag

Inhaltsverzeichnis

Einleitung 1

Die Digitalisierung hat mittlerweile nahezu alle Lebensbereiche erreicht. Der Transformationsdruck auf Organisationen steigt. Begriffe wie *Transformation 4.0* oder *Industrie 4.0* sind die Buzzwords dieses technologiegetriebenen Wandels. Parallel fordern immer mehr Menschen, durch ihre Berufsausübung etwas zu bewirken. Beispielhaft manifestiert sich dies in Strömungen wie *New Work,* die ausgehend von der Sinnfrage den Arbeitsbegriff auf eine neue Ebene heben will und neue Arbeitsmodelle fordert. Die beiden hier skizzierten Entwicklungen speisen sich zwar aus sehr unterschiedlichen Quellen, spielen einander aber in die Hände.

Mit welchen Folgen? Nun, die Welt ist vielfältig und Organisationen sind es auch. Deshalb werden wir unterschiedlichste Entwicklungen sehen, die eben auch unterschiedliche Folgen haben. Evident ist jedoch, dass die Treiber der Veränderung in vielen Fällen eine Dezentralisierung von Entscheidungen provozieren werden. Denn nicht der starre Monolith Großorganisation („Tanker" oder „Silo"), sondern die netzwerkartige fluide Organisationsform verspricht *Agilität* und gilt als zukunftsweisendes Modell für mehr Anpassungsfähigkeit und Innovationskraft. Neue Organisationsmodelle stehen daher aktuell hoch im Kurs, ebenso wie Hybridmodelle der Organisationsgestaltung. Eine gelingende Kommunikation wird so oder so zur Leitwährung. Hinzu kommt der Kampf um hochqualifizierte kreative Talente, die nach sinnstiftenden Partizipations- und Entfaltungsmöglichkeiten suchen. Hier greift der *New Work* Imperativ. Starre Hierarchien stören hier. Dies veranlasst längst nicht nur Start-ups dazu, mit hierarchiefreien und selbstorganisierenden Arbeitssettings zu experimentieren.

Ist dies das Ende von Führung? Einerseits ja – sofern man Führung in traditionellem Sinn als Einfluss, der sich formal über positionsgebundene Weisungslinien definiert und inhaltlich über Machtanhäufung manifestiert, versteht. Deren Dysfunktionalität spüren wir jetzt schon deutlich, auch wenn wir empirisch natürlich

© Springer Fachmedien Wiesbaden GmbH, ein Teil von Springer Nature 2019
S. Endres und J. Weibler, *Plural Leadership,* essentials,
https://doi.org/10.1007/978-3-658-27116-9_1

noch weitersehen müssen. Andererseits, nein – denn, alles läuft auf einen größe-ren Bedarf an Führung angesichts der zahlreichen Suchfelder nach geeigneten Wegen zur Meisterung der kommenden Entwicklungen hinaus. Vielfach wird man dann in der *Verbreiterung der Verantwortung* und damit gerade in einem *Mehr an Führung* eine geeignete Antwort erblicken. Eine Führung also, die mehrere Personen miteinbezieht. Führung findet dann im Plural statt – als *Plural Leadership.*

Hier setzen wir an. Dabei ist Plural Leadership keine geschlossene Theorie, dies vorweg. Vielmehr ist Plural Leadership ein facettenreicher Führungsansatz mit unterschiedlichen Ausprägungen und Umsetzungsmöglichkeiten in der Praxis. Zur Anwendung kommen plurale Führungsformen heutzutage bereits in unterschiedlichsten Sektoren und Branchen, so etwa im kommerziellen Feld in Projektteams der Industrie (Automobilbranche), dem Finanzsektor (Banken und Finanzdienstleister) oder branchenübergreifend in IT-Projektmanagementteams, Software-Entwicklungsteams, Consultingteams sowie Top-Managementteams (vgl. z. B. Ensley et al. 2006; Ingvaldsen und Rolfsen 2012; Pearce und Sims 2002; Sweeney et al. 2018). Mit Blick auf den Non-Profit Bereich wird die Anwendung von Plural Leadership ebenfalls umfangreich berichtet, beispiels-weise für Sozialorganisationen, Organisationen des Kunst-, Gesundheits- sowie Bildungssektors, aus dem Militär sowie in organisationsübergreifenden Netzwerk- und Projektgruppen (vgl. z. B. Reid und Karambayya 2009; Ramthun und Matkin 2014; Bolden 2011; Endres und Weibler 2019a, b; Weibler und Rohn-Endres 2010). Übergreifend bedeutsam ist, dass Plural Leadership vor allem bei komple-xen und neuartigen Aufgabenstellungen sowie in wissensintensiven Organisatio-nen sein Potenzial bisher am besten entfaltet – also im Prinzip immer dort, wo es um Transformation und Innovation geht.

Die Formen von Plural Leadership reichen von einer Verteilung von Füh-rung auf zwei Personen bis hin zu einer gemeinschaftlich geteilten Führung aller Mitglieder eines Team oder einer Organisation. Umfasst sind somit unter-schiedliche Ansätze, die unter Bezeichnungen wie Co-Leadership, Distributed Leadership oder Shared/Collective Leadership bekannt sind. Wir geben daher zunächst einen Überblick über unterschiedliche Formen und Ausprägungen von Plural Leadership (Kap. 2). Eine vertiefende Illustration bezieht sich auf eine besonders elaborierte Form von Plural Leadership – Shared Leadership – basie-rend auf unseren empirischen Studien in post-hierarchischen Organisationen (Netzwerk-Kontext). Unsere Forschungsbefunde liefern bei dieser prononciertes-ten Form einer Pluralen Führung zudem neue Erkenntnisse zum Spannungsfeld Selbstorganisation und Führung, deren Voraussetzungen und Grenzen (Kap. 3).

Eine kritische Analyse weiterer Befunde zur Relevanz und den Effekten von Plural Leadership nehmen wir anschließend vor (Kap. 4). Ausführliche wissenschaftlich fundierte Gestaltungsempfehlungen zur praktischen Umsetzung von Plural Leadership in Organisationen schließen sich an (Kap. 5). Abschließend bündeln wir unsere Argumentation in einem Fazit und Key Take Aways (Kap. 6). Adressiert werden neben grundlegenden Fragen eines zukunftsweisenden Leadership-Mindset auch die Frage, wie tradierte Pfade verlassen und adäquate Plural-Leadership-Praktiken entwickelt werden können, um für die Bewältigung anstehender Transformation gerüstet zu sein.

Formen von Plural Leadership: Charakterisierung im Überblick

2

Plural Leadership ist ein *Schirmbegriff* für Führungsformen, bei denen mehrere Personen zusammen Führungseinfluss ausüben. Führung wird also „im Plural" ausgeübt. In der Literatur finden sich hierfür Bezeichnungen wie *Co-Leadership, Duale Führung, Verteilte Führung, Distributed Leadership* sowie *Shared* bzw. *Collective Leadership*. Der kleinste gemeinsame Nenner der unterschiedlichen Ausprägungen besteht darin, dass der Führungseinfluss von einer **Mehrzahl** an Personen, meistens bezogen auf Organisationen, ausgeht und dass die Führungsausübung **kombiniert** erfolgt.

▶ **Definition**
Unter **Plural Leadership** verstehen wir allgemein die *kombinierte* Ausübung von Führung durch eine *Mehrzahl* an Personen.
Unter **Führung** verstehen wir wiederum die akzeptierte Einflussnahme auf eine oder mehrere andere Personen.

Kombiniert meint, dass die Personen in der Führungsausübung in einer gewissen Weise aufeinander angewiesen sind und sich ihre *Führungsrollen* entsprechend *überlappen*. Es muss somit eine mehr oder weniger stark ausgeprägte **Interdependenz** zwischen den Führenden vorhanden sein. Dies ist der Fall, wenn sich die Führungsaktivitäten Einzelner gegenseitig bedingen oder die eine Führungsaktivität Basis für eine andere Führungsaktivität ist oder erst alle Führungsaktivitäten zusammen das gewünschte Resultat bewirken. Dort, wo jeder für sich autonom und ohne erkennbare Folgen für die anderen führt, ist der Begriff Plural Leadership fehl am Platz.

Im Folgenden haben wir eine Klassifizierung unterschiedlicher Formen von Plural Leadership anhand zweier definierter Schlüsseldimensionen vorgenommen. Hieraus ergibt sich eine Vier-Felder-Matrix (Abb. 2.1). Die ausgewiesenen Formen

© Springer Fachmedien Wiesbaden GmbH, ein Teil von Springer Nature 2019
S. Endres und J. Weibler, *Plural Leadership*, essentials,
https://doi.org/10.1007/978-3-658-27116-9_2

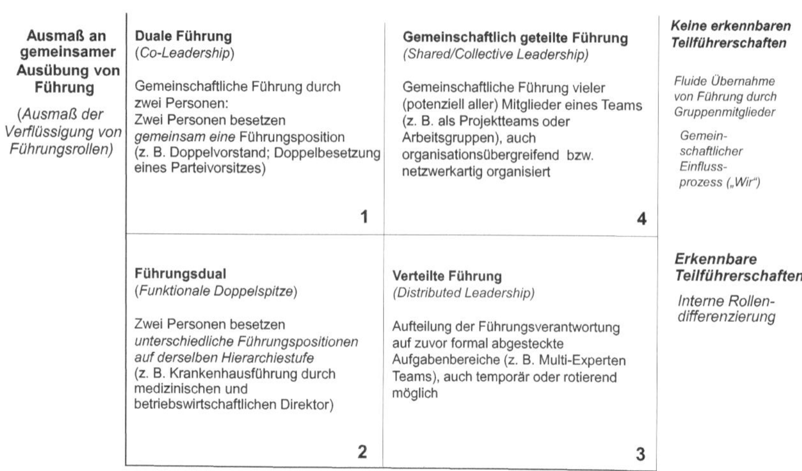

Abb. 2.1 Plural Leadership *Vier-Felder-Matrix*

sind prototypisch zu verstehen. Übergangsformen sowie graduell unterschiedliche Ausprägungen können daher mitgedacht werden.

Die zwei Dimensionen im Einzelnen:

1. **Ausmaß der Führungsbeteiligung:** *Wie hoch* ist *der Anteil der Personen, die an der Führungsausübung beteiligt sind?* Die horizontale Achse zeigt hier (ideal-typisch) mindestens zwei Personen (Quadranten 1 und 2) oder viele (potenziell alle) Mitglieder einer Gruppe oder Organisationseinheit (Quadranten 3 und 4).

2. **Ausmaß der gemeinsamen Ausübung von Führungsrollen** (Rollenüberlappung): *Wie stark überschneiden sich die Führungsaufgaben bzw. Führungsfunktionen?* Die vertikale Achse zeigt Plural-Leadership-Formen mit erkennbaren Teilführerschaften (Quadranten 2 und 3) sowie ohne erkennbare Teilführerschaften (Quadranten 1 und 4).

2.1 Duale Führung (Co-Leadership)

Bei der Dualen Führung (Quadrant 1) sind zwar nur zwei Personen beteiligt (geringes Ausmaß der Führungsbeteiligung). Dafür liegt eine vollständige Rollenüberlappung vor. Diese resultiert aus der gemeinsamen Besetzung einer ungeteilten Führungsposition (formal: z. B. Doppelbesetzung eines Vorsitzes).

Keiner der beiden (grundsätzlich gleichrangigen) Positionsinhaber kann wesentliche Entscheidungen alleine treffen bzw. umsetzen (hohe führungsbezogene Interdependenz). Alle Führungsaktivitäten fließen zusammen (Co-Leadership). Gerade bei der praktischen Führungsausübung ist diese Führungskonstellation durch die „Doppelköpfigkeit" der „Führungskraft" anspruchsvoll und häufig nur mittels fein abgestimmter Kommunikationspraktiken der Co-Leader möglich.

Um hier die gemeinschaftliche Ausübung von Führung zu erfassen, muss man darauf schauen, wie sich Führung im ganz **alltäglichen Tun** abspielt. Im Mittelpunkt stehen dann die Interaktions- und Beziehungsdynamiken. Empirische Studien versuchen beispielsweise durch feinteilige Analysen konkreter Gesprächsszenen (in Meetings) aufzuzeigen, wie Duale Führung durch **kommunikative Akte** hervorgebracht und im Alltag ausgeübt wird. Besondere Aufmerksamkeit verdienen solche kommunikativen Äußerungen, die einen Bruch oder eine Wendung einleiten. Denn dadurch kommt Bewegung in die Szene und genau damit hat ja auch Führung im Kern zu tun – etwas bewegen oder in eine (andere) Richtung lenken (vgl. z. B. Vine et al. 2008). Praktisch geht es beispielsweise dann darum, wie sich zwei Personen, die gemeinsam Führungsverantwortung für ein Team haben, etwa in einem Meeting geschickt die Bälle zuspielen, um Einfluss auf die Gruppenteilnehmer auszuüben. Dies kann so diskret erfolgen, dass im Einzelnen gar nicht festgelegt werden kann, von wem der letztlich erwirkte Einfluss auf die Gruppe ausging. Die resultierende Führungspraktik ist dann eine kombinierte Aktion beider und kann de facto beiden gleichermaßen zugerechnet werden. Die Führung beider Personen verschmilzt in ihrer idealtypischen Ausprägung in harmonischer Co-Leadership. Insgesamt fungiert hierbei Kommunikation und ihre subtile Gestaltung als das zentrale Medium der Entstehung von Führung. Man versteht dann Kommunikation nicht lediglich als (rhetorisches) Instrument zur Durchsetzung von individuellem Führungseinfluss, sondern als generatives Medium, durch das Führung erst entsteht oder ergänzend hervorgebracht wird. Diese für Plural Leadership zentrale Idee werden wir im weiteren Verlauf noch vertiefen.

2.2 Führungsdual (Funktionale Doppelspitze)

Beim Führungsdual (Quadrant 2, Abb. 2.1) sind ebenfalls nur zwei Personen beteiligt. Hier handelt es sich jedoch um *unterschiedliche* Positionen auf etwa derselben Hierarchiestufe (z. B. kaufmännischer und medizinischer Direktor in einer Klinik). Führungsduale stellen quasi funktionale Doppelspitzen dar. Sie findet sich vielfach auch in Sozialunternehmen oder Kreativ-Organisationen (Theater, Opernhäuser, Filmbranche, Mediensektor). Derartige Organisationsformen werden als **pluralistische Organisationen** bezeichnet (Sergi et al. 2012; Reid und Karambayya 2009). Permanent müssen hier unterschiedliche professionsorientierte Rationalitäten eingebracht und abgestimmt werden. Man denke beispielhaft an den künstlerischen bzw. sozialen versus kaufmännischen Leitungsbereich. Derartige Führungskonstellationen zeichnen sich einerseits durch relativ klar abgegrenzte Zuständigkeiten die Kernaufgaben betreffend aus (geringe Rollenüberlappung). Andererseits gibt es übergeordnete Bereiche, die ein gemeinschaftliches Vorgehen erfordern. Keiner der Verantwortlichen kann sich bei grundlegenden Entscheidungen sowie Prozessen mit Querschnittswirkung über den anderen hinwegsetzen. Man muss sich also zwingend zusammenraufen, um Prozesse nicht zu blockieren. Umso mehr ist dies erforderlich, wenn man etwas bewegen möchte. Es geht dann in entscheidenden Angelegenheiten eben nur gemeinsam.

So konzentriert sich die Forschung zum Führungsdual auch auf Konfliktlösungsstrategien bzw. **gemeinschaftliche Bearbeitungsstrategien** (vgl. z. B. Reid und Karambayya 2009). Beim Führungsdual und ihrer speziellen Führungsaufgabe in pluralistischen Organisationen gilt es, weder eine harmonisierende, alle Unterschiede übertünchende Strategie noch die Priorisierung einer Sichtweise einzunehmen, um die Existenz der Organisation langfristig zu sichern. Damit wird auch ersichtlich, dass der Führungsdual im Sinne einer Doppelspitze häufig auf der übergeordnet organisationalen Ebene betrachtet wird. Dahingegen liegt der Fokus bei der Verteilten Führung, die wir im Folgenden betrachten, auf der Teamebene.

2.3   Verteilte Führung (Distributed Leadership)

Bei der Verteilten Führung (Distributed Leadership) (Quadrant 3, Abb. 2.1) werden Führungsrollen von mehreren, potenziell allen Mitgliedern übernommen. Aber auch hier steht die funktionale, aufgabenbezogene Trennung (Rollendifferenzierung) noch im Vordergrund. Eine übliche Konstellation ist, dass innerhalb eines Teams oder einer Organisationseinheit erkennbare „Teilführerschaften" vergeben oder ermöglicht werden. Die jeweiligen Personen übernehmen einen zuvor mehr oder weniger formal abgesteckten Aufgabenbereich in eigener Verantwortung. Die Verteilung der Teilführerschaften kann unterschiedlich ausgeformt werden (z. B. temporär, durch Wahlen, funktionsbasiert, situativ, spontan). Es handelt sich, dies sei herausgestrichen, um eine Aufteilung von Führung und nicht um eine gemeinschaftliche

Ausübung von Führung. Eine vergleichsweise einfache Variante Verteilter Führung ist die **rotierende Führungsverteilung.** Hierbei werden beispielsweise Führungsrollen reihum unter den Gruppenmitgliedern in zeitlichem Abstand vergeben. Dauerhaft benannte Gruppenleiter gäbe es dann nicht mehr. Die sichtbare Ausübung der Führungsaufgabe selbst erfolgt hier ohne unmittelbare Rollenüberlappung. Bei einer **funktionsbasierten Führungsverteilung** übernimmt je eine Person einen Funktionsbereich innerhalb der Gruppe (z. B. Personaleinsatz, Prozesse, Technik, Arbeitsumgebung, Material). Die jeweils führenden Gruppenmitglieder sind somit für ihren Funktionsbereich fortwährend verantwortlich und zueinander, beispielsweise in Meetings, gleichgestellt (vgl. z. B. Ingvaldsen und Rolfsen 2012).

Eine andere Möglichkeit ist die Rollendifferenzierung aufgrund **unterschiedlicher Kompetenzen.** Hier übernehmen unterschiedliche Teammitglieder führungsverantwortlich bestimmte Aufgaben je nach Expertise *(Multi-Expertenteams).* Die hier zugrunde liegende Idee wurde in der Gruppen- und Führungsforschung als Basisform der Rollendifferenzierung schon sehr früh beschrieben (vgl. Weibler 2016). Es wurde festgestellt, dass sich innerhalb von Gruppen neben einem aufgabenorientierten „Tüchtigkeitsführer" häufig ein beziehungsorientierter „Beliebtheitsführer" herausbildet. Hier ergänzen sich komplementäre Talente bei der Führung von Gruppen. In zeitgenössischen Multi-Expertenteams ist diese Idee der Rollendifferenzierung auf weitere Kompetenzbereiche ausgeweitet. Entsprechend treten unterschiedliche Mitglieder als Führende in „ihren" Teilbereichen hervor.

Eine weitere interessante Variante der Führungsverteilung ist die spontane oder **situative Übernahme von Führung.** Hier erfolgt die Übernahme von Führung durch Gruppenmitglieder aufgrund situativer Anforderungen – etwa besondere Gefahrensituationen, die eine zusätzliche Übernahme von Führungsaufgaben durch weitere Teammitglieder erfordern (vgl. z. B. Ramthun und Matkin 2014). Die Führungsübernahme erfolgt dann ad hoc sowie zumeist durch stillschweigende Übereinkunft, die sich aus der Einsicht speist, dass die Übernahme von Führung durch ein weiteres Teammitglied eben notwendig ist, um die gemeinsame Mission erfüllen zu können. Oder sie drängt sich auf bei einer Überladung der Führungsrolle oder drohender Überforderung der Führungsperson. Es werden dann ad hoc Bereichsführerschaften herausgebildet. Sie zerfallen nach getaner Arbeit wieder oder werden dann, wenn das Problem absehbar ist, in eine strukturelle oder personelle Neulösung überführt. Die Führungsverteilung auf wechselnde andere Personen ist hier somit ein situativ abgestimmter Ausnahmefall, der beendet ist, sobald die Überlastungs- oder Gefahrensituation vorbei ist.

2.4   Gemeinschaftlich geteilte Führung (Shared/Collective Leadership)

Gemeinschaftlich geteilte Führung (Shared/Collective Leadership) umfasst Konstellationen, bei denen potenziell alle oder doch zumindest eine größere Zahl an Mitgliedern Führungsaufgaben wahrnehmen (Quadrant 4, Abb. 2.1). Führungsrollen werden über das gesamte Team verstreut und dynamisch immer wieder neu verteilt. Dieser Prozess basiert auf einer fluiden Übernahme von Führung durch die Gruppenmitglieder auf der lateralen Ebene. Im Gegensatz zur Verteilten Führung sind einzelne Führungspersonen dann nicht mehr klar identifizierbar.

In der forschungsbezogenen Literatur zu Shared/Collective Leadership (synonym, nachfolgend Shared Leadership) sind zwei Diskussionslinien zu unterscheiden. Die **erste Variante** versteht Shared Leadership als Gruppenphänomen, bei dem möglichst viele Mitglieder in Führungsrollen schlüpfen und sich dann gegenseitig führen. Im Kern geht man hier von einem Plus an „Führenden" aus und setzt Führungsverhalten in den Plural. Die **zweite Variante** sieht Shared Leadership ebenfalls als Gruppenphänomen, berücksichtigt aber jenseits der Zunahme an Personen in Führungsrollen, ob im Prozess auch andere Personen tatsächlich „mitziehen" – also einen echten gemeinschaftlichen Einflussprozess entwickelt haben.

Wir beginnen mit der *ersten Variante.* Stellen wir uns beispielsweise Change Management Teams im industriellen Sektor vor, die von der Unternehmensleitung implementiert wurden (vgl. z. B. Pearce und Sims 2002). Ziel der Teams ist es, zu organisationalem Wandel sowie einer mittelfristigen Produktivitätssteigerung beizutragen. Die Teams werden funktionsüberschneidend angelegt. Die Mitglieder sind somit aufeinander angewiesen, um ihr Ziel zu erreichen. Sie sind heterogen zusammengesetzt, damit die Mitglieder auf unterschiedliche Skills zurückgreifen können. Wie kann man sich nun Shared Leadership innerhalb des Teams vorstellen bzw. erfassen?

Dazu stellt man sich Führung zunächst auf der vertikalen Ebene (Einzelführung) als Ausübung von Einfluss auf andere vor. Basierend auf unterschiedlichen (theoretisch fundierten) Führungsstilen werden jeweils konkrete Verhaltensweisen beschrieben (Tab. 2.1). Zur Beschreibung und Erfassung von Shared Leadership werden die jeweiligen Führungsverhaltensweisen in den Plural gesetzt. Die Teammitglieder sind dann diejenigen, die entsprechendes Führungsverhalten zeigen und dadurch Shared Leadership ausüben.

Tab. 2.1 Beispielitems zur Erfassung von Vertikaler Führung und Shared Leadership nach Pearce und Sims (2002, übersetzt)

Führungsstil	Vertikale Führung	Shared Leadership
Direktiv	Mein Teamführer erteilt mir Anweisungen, wie ich meine Arbeit zu erledigen habe	Meine Teammitglieder erteilen mir Anweisungen, wie ich meine Arbeit zu erledigen habe
Transaktional	Mein Teamführer überwacht meine Leistung hinsichtlich möglicher Fehler	Meine Teammitglieder überwachen meine Leistung hinsichtlich möglicher Fehler
Transformational	Mein Teamführer erwartet/ vermutet, dass meine Leistung stets auf höchstem Niveau liegt	Meine Teammitglieder erwarten/ vermuten, dass meine/unsere Leistung stets auf höchstem Niveau liegt
Empowernd	Mein Teamführer ermutigt mich zur selbstständigen Lösung von Problemen	Meine Teammitglieder ermutigen mich zur selbstständigen Lösung von Problemen

Man geht davon aus, dass Shared Leadership hoch ausgeprägt ist, wenn möglichst viele Teammitglieder die entsprechenden Aussagen (Spalte 3) mit einem hohen Wert bejahen. Wie die Gegenüberstellung aufzeigt, versteht man hier Shared Leadership allgemein als eine Summierung von individuellem Führungsverhalten, das lediglich auf weitere Teammitglieder erweitert wird. Der Begriff „Teamführer" wird schlicht erweitert auf „die Mitglieder meines Teams". Die Geführten werden hierbei im Prinzip ebenso ausgeblendet wie das „Wie" einer Verteilung bzw. gemeinschaftlichen Ausübung von Führung. Dem „Wie" kann aber nur gerecht werden, wer die Geführten grundlegend mit einbezieht und schaut, was sich in den Interaktions- und Beziehungsdynamiken zwischen Personen abspielt (vgl. Sergi et al. 2012; Uhl-Bien et al. 2012; Endres und Weibler 2017). Es gilt dann abzusichern, ob bzw. inwieweit die wahrgenommenen Beeinflussungsversuche jeweils von anderen Teammitgliedern angenommen werden. Andernfalls verpuffen die Führungsambitionen der Teammitglieder. Von einem gemeinschaftlichen Einflussprozess kann jedenfalls nicht die Rede sein.

Damit sind wir bei der *zweiten Variante,* die Shared Leadership als echten gemeinschaftlichen Führungsprozess versteht. Hier wird nicht nur auf das Plus an Führungsübernahmen durch Teammitglieder geschaut. Dass überhaupt genügend Teammitglieder bereit sind, in Führungsverantwortung zu treten und ggf. Führungsverhalten zeigen, ist zwar eine notwendige, aber keine hinreichende

Bedingung für Shared Leadership. Entscheidend ist vielmehr, dass andere Personen auch mitziehen (z. B. indem sie zur Umsetzung von Vorschlägen bereit sind und beitragen). Ein echtes Plus an Leader*ship* fokussiert auf den gemeinschaftlichen Einflussprozess als solchen, der sich nur dann entfaltet, wenn andere auf das Plus an „Führungsverhalten" der Teammitglieder mit „Shared Followership" reagieren. Im Grenzfall eines vollständig ausgeprägten gemeinschaftlichen Einflussprozesses erübrigt sich dann wiederum selbst eine derartige Trennung in Führende und Geführte. Damit wird auch ersichtlich, dass dies deutlich über die einfacheren Vorstellungen von einer Verteilung von Führung mit jeweils noch erkennbaren Führungspersonen (Abschn. 2.3) hinausgeht. Im Fluss der gemeinschaftlichen Einflussnahme und des kollektiven Voranschreitens verschwimmt die Wahrnehmung einzelner Personen als Führende und Geführte. An ihre Stelle tritt die *Gruppe als Ganzes.* Dies ist weder eine Wunschvorstellung noch ein rein theoretisches Modell, sondern wurde für bestimmte Konstellationen als erfolgreich praktizierte gemeinschaftliche Einflussprozesse (Shared Leadership) identifiziert. Wir zeigen dies basierend auf unseren empirischen Untersuchungen im Folgenden (Endres und Weibler 2014, 2019a; Weibler und Rohn-Endres 2010).

Vertiefte Illustration: Shared Leadership in post-hierarchischen Organisationen

3

3.1 Gemeinschaftlich etwas bewegen – Shared Leadership als *die* relevante Führungsform in post-hierarchischen Organisationen

Hierarchie wird nicht gerade als erstes mit *Innovationskraft* und *Agilität* in Verbindung gebracht. Die traditionell hierarchisch strukturierte Organisation repräsentiert für viele das prototypische Anti-Modell der digitalen Transformation. Unterfüttert wird die Infragestellung bis Ablehnung hierarchischer Strukturen aber auch von der *New Work* Bewegung, die dem Zeitgeist entsprechend flexible, stärker partizipativ ausgerichtete Strukturen favorisiert, die es eher erlauben, sich wirkungsvoll einzubringen.

Gefragt sind daher post-hierarchische Organisationsformen als innovative Alternativen. Längst experimentieren nicht nur Start-ups mit hierarchiefreien und selbstorganisierenden Arbeitssettings. Im gleichen Atemzug wird nicht selten das Ende von Führung ausgerufen. Dabei wurden Führungsphänomene unter Hierarchiefreiheit und Selbstorganisation bislang kaum empirisch untersucht. Dies haben wir für den Fall nachgeholt, bei dem mehrere Unternehmen durch entsandte Mitglieder zusammenarbeiten, die sich wiederum in einem Netzwerk organisieren. Bei dieser recht unbelasteten Ausgangsituation sind Führungsprozesse unter formal Gleichen, also das „Wie" einer Formierung gemeinsamer Führung, verzerrungsfrei zu analysieren.

Untersuchungskontext

Der so genannte post-hierarchische Kontext unserer Studien wird repräsentiert durch *kollaborative interorganisationale Netzwerke*. Das sind bewusst geschaffene kooperative Arrangements von drei oder mehr juristisch autonomen

© Springer Fachmedien Wiesbaden GmbH, ein Teil von Springer Nature 2019
S. Endres und J. Weibler, *Plural Leadership*, essentials,
https://doi.org/10.1007/978-3-658-27116-9_3

Organisationen, die sich zusammenfinden, um übergeordnete Problemstellungen gemeinsam zu bearbeiten. Derartige Netzwerke werden als eine der wichtigsten Organisationsformen der Zukunft gehandelt.

Stellen wir uns beispielsweise Folgendes vor: Unterschiedliche Unternehmen beschließen miteinander zu kooperieren, weil sie Austausch zu speziellen Themen der Marktentwicklung oder der betriebsinternen Qualitätssicherung suchen. Oder, weil man Produktionsstrategien angesichts immer komplexer werdender Marktkonstellationen gemeinsam ausloten und umsetzen möchte. Die beteiligten Unternehmen richten dann unter dem Dach des Netzwerkes unterschiedliche thematische Arbeitskreise ein, zu denen sie Vertreter entsenden. Im Mittelpunkt können dann beispielsweise die Entwicklung gemeinsamer Vermarktungsstrategien oder aktuelle Herausforderungen bei der Entwicklung neuer Managementsysteme stehen.

Die Netzwerke weisen einen kollaborativen Charakter auf, da keine der Mitgliedsorganisationen eine Leitungsfunktion innehat. Die Teilnehmer haben hinsichtlich der Gestaltung ihrer Arbeits- und Führungsprozesse weitgehende Autonomie. Das Arbeitssetting ist somit selbstorganisierend. Spannend ist nun, wie sich die Teilnehmer dann hinsichtlich ihrer Führung aufstellen werden.

Entwicklung von Alternativen zur klassischen Einzelführerschaft
Wie sich zeigt, wird keine Einzelführerschaft entwickelt. Es entstehen keine Führungsstrukturen, in denen ein Einzelner als Führender hervorgeht. Das ist angesichts der traditionellen Führungstheorie unerwartet. Hiernach wäre durchaus plausibel anzunehmen, dass sich in dieser horizontalen Form der Netzwerkzusammenarbeit, wie in allen problemorientierten Gemeinschaften, im Zeitablauf Führung herausbildet. Dies ist durch Forschungsbefunde gut bestätigt. So ist beispielsweise bekannt, dass in zunächst führerlosen Gruppen häufig der Person Führung zugeschrieben und Gefolgschaft geleistet wird, die sich um die Anliegen der Gruppe besonders verdient gemacht hat und/oder besondere für die Gruppe nützliche Kompetenzen aufweist. Solche Personen erlangen dann einen im Vergleich zu den anderen Mitgliedern höheren Status, der es ihnen erlaubt, Einfluss auszuüben und die Führung zu übernehmen. In den Netzwerken war dies unter vergleichbaren Umständen dennoch nicht der Fall. Anstelle von Einzelführerschaft entwickelten die Teilnehmer andere Vorstellungen und Praktiken über die Ausübung von Einfluss – Ansätze, die sie passender für ihren Kontext empfanden. Grundlegend richtet sich dies auf das engagierte solidarisch verantwortete Tun. Man will eine als gemeinschaftlich bedeutsam erachtete „Sache" voranbringen. Wie kommt es nun dazu?

Erste konkrete Schritte hierbei sind die Verbreiterung der Verantwortung und das Einbringen von **Kompetenzen.** „Es geht nicht darum Führerschaft zu etablieren, sondern sich mit seinen Kompetenzen einzubringen", wie dieses repräsentative Zitat eines Teilnehmers unterstreicht. Grundsätzlich alle fühlen sich dazu im Kern verpflichtet, sodass eine gemeinschaftsbasierte plurale Denkrichtung erkennbar wird. Die Verantwortung, etwas im Sinne der Netzwerkagenda voranzubringen wird somit auf **viele (potenziell alle) Schultern** verteilt. Weiterhin betonen die Teilnehmenden, dass sie thematisch geleitet sind und **„Themenverantwortung"** haben. Dies meint, sich mit Themen einzubringen und auch im weiteren Verlauf dafür Rede und Antwort zu stehen.

Wichtig für die Entwicklung gemeinschaftlicher Aktionen ist im nächsten Schritt, dass ein eingebrachter Vorschlag auf **breite Resonanz** fällt und aufgegriffen wird. Dies ist der Fall, „wenn er die relevantesten Themenfelder berührt, wo alle sagen, ja das betrifft uns alle und wo wir das Bedürfnis haben, das Thema mal in der Tiefe zu beleuchten und weiterzubearbeiten" (Zitat Netzwerkteilnehmer). Wie aus diesem Zitat ersichtlich wird, steht hierbei zunächst die Suche nach einem gemeinsamen Nenner unter Einbezug der unterschiedlichen Perspektiven im Vordergrund. Die **Ausbalancierung unterschiedlicher Standpunkte** und Anliegen ist besonders wichtig, da sich die Teilnehmer grundsätzlich autonom in ihren Entscheidungen fühlen. Eine Übereinkunft zur gemeinsamen Aktion kommt somit nur zustande, wenn sich alle in ihren Anliegen repräsentiert fühlen.

Um hier voranzukommen, haben die Mitglieder eine gemeinschaftsbasierte Diskussionskultur entwickelt. Das klingt zwar nach Endlosdebatten sowie fortwährend angestrengter Suche nach Konsens. Aber auch hier haben die Teilnehmer eine für ihre Netzwerkarbeit passende Praxis kultiviert. Sie pflegen eine ganz **entspannte Haltung bei der Suche nach Konsens.** Keiner fühlt sich unter Druck, bestimmten Vorschlägen zustimmen zu müssen. Ein Konsens müsse nicht immer hergestellt werden. Manchmal müssten Themen eben „ruhen" und/oder später aus einer anderen Perspektive neu aufgegriffen werden, um dann eine konsensfähige Lösung zu erreichen. Nur so können alle den Willen zur gemeinsamen Umsetzung sowie letztlich das „Bedürfnis" (siehe obiges Teilnehmerzitat) zur weiteren gemeinsamen Aktion entwickeln. Die Suche nach tragfähigen breit unterstützen Lösungen ist somit zentral. Diese lassen sich auch nicht eben mal schnell per demokratische Abstimmung herbeiführen. Vielmehr zeigte sich, dass es **gemeinsame Lernprozesse** sind, die den Weg für eine gemeinsame Umsetzung ebnen.

Gemeinsame Lernprozesse können sich beispielsweise auf die antizipative Erkundung von Markt- und Kundenanforderungen richten, oder darauf, wie mit einer neuen gesetzlichen Richtlinie für die Netzwerkunternehmen umzugehen ist. Das hierbei generierte Wissen basiert auf vielfältigen Perspektiven sowie dem **Erfahrungsschatz der Gruppe als Gesamtheit** und weist damit eine besondere Tragfähigkeit in der weiteren Umsetzung auf. Im Verlauf erfolgreich praktizierter gemeinsamer Lernprozesse steigt das Gefühl gegenseitiger Verpflichtung sowie die Qualität des Erfahrungsaustausches (z. B. zunehmende Solidarität, Vertrauen – vertiefend dazu in Abschn. 3.2). Dies mündet dann in eine tatsächliche Verantwortungsübernahme für die Durchführung gemeinschaftlicher Projekte (z. B. Entwicklung gemeinsamer Vermarktungsstrategien oder Petition zur Beeinflussung ökologieorientierter Gesetzgebung).

Solidarisch verantwortetes Tun im Dienste einer gemeinschaftlich bedeutsamen Sache

Im beschriebenen Netzwerk wurden mehrere Projekte gemeinsam umgesetzt. Ein Beispiel hierfür ist ein Projekt auf dem Gebiet des betrieblichen Umweltmanagements mit einer speziellen Fokussierung auf Biodiversität. Die Idee für dieses Projekt wird in einem Arbeitskreis in lebendiger Kooperation entwickelt und gemeinsam vorangetrieben, ohne dass einzelne Personen als Führende auszumachen sind. Vielmehr wird Führung wahrnehmbar durch das kollektive Voranschreiten im Sinne der gemeinsamen Sache. Anstelle eines von Einzelpersonen ausgehenden Einflusses ist auf der kollektiven Ebene ein Einflussprozess wahrnehmbar.

Dieser konkretisiert sich zunächst dadurch, dass im Arbeitskreis ein **Schwung zur gemeinschaftlichen Realisierung** spürbar wird. Der Netzwerkarbeitskreis nimmt Fahrt auf („Network Drive"). Hier zeigte sich exemplarisch, wie ein zur Umsetzung gelangtes Projekt durch ein die ganze Gruppe umfassendes **Gefühl des Enthusiasmus** getragen wird. Die Teilnehmer berichten begeistert von diesem Projekt. Sie sind sich ab einem bestimmten Punkt – nach vorangegangenem Ausloten und Lernen – einig, dass sie auf diesem Gebiet vorne dabei sein müssen und dies auch gemeinschaftlich wollen („Joint Volition"). Gespeist wird dieser Wille von der Einsicht, dass es sich um ein gemeinsam als wichtig erachtetes sowie gesellschaftlich relevantes Thema handelt (vertiefend dazu in Abschn. 3.3). Alle machen sich sogleich mit Elan an die Arbeit und bald ist die Projektskizze zur Beantragung von Fördermitteln – ein erster Schritt der Realisierung – erstellt. Shared Leadership manifestiert sich letztlich in gemeinschaftlich gewollten Anstrengungen bei der Umsetzung konkreter Projekte, getragen von gemeinsam geteilter Verantwortung sowie der Begeisterung für „die Sache" („Joint Action" oder „alle ziehen mit").

Damit wird auch ersichtlich, dass Shared Leadership hier weit mehr bzw. qualitativ etwas anderes ist als die Übernahme von Führungsrollen durch Teammitglieder. Im Kern liegt der Unterschied darin, dass zusätzlich die gemeinschaftliche Umsetzung („Joint Action") basierend auf gemeinschaftlichem Wollen („Joint Volition") in Verbindung mit einer zu spürenden Energie beim Voranschreiten der Mitglieder („Network Drive") vorhanden sind. Auf dieser Basis konzertieren die Teilnehmer ihre Aktionen und das weitere Vorgehen gemeinschaftlich untereinander. Eine Schlüsselrolle nehmen hierbei spezielle **dialogbasierte Kommunikationspraktiken** ein (nachfolgend unter Bezug auf unsere empirische Studie).

3.2 Lernintensiver schöpferischer Dialog als Schlüsselprozess

Viele der vorstehend beschriebenen Shared Leadership Prozesse ranken sich um die Themen **Kommunikation und Lernen.** In unserer Studie (vgl. Weibler und Rohn-Endres 2010; Endres und Weibler 2014, 2018) haben wir auf ein Modell des **Generativen Dialogs** (auch als lernintensiver schöpferischer Dialog bezeichnet) zurückgegriffen, da es unseren empirischen Befunden im Kern entsprach.

Dieser Dialog-Ansatz wurde von Fletcher und Käufer (2003) in den Führungskontext übertragen und verbindet die Themenfelder Kommunikation, Lernen und Shared Leadership zu einem gesamtheitlichen Modell. Wichtig ist, dass hier Kommunikation und Sprache nicht das Medium der Vermittlung von Führung sind (z. B. Vermittlung einer führungsbezogenen Vision oder von Zielsetzungen in einem Mitarbeitergespräch). Vielmehr sind Sprache und Kommunikation (Dialog) das Medium der Erschaffung und Ausübung von gemeinschaftlichen Führungsprozessen.

Aufgezeigt wird, wie dieser Prozess konkret Gestalt annimmt. Das heißt, wie eine Gruppe von zuvor unverbundenen Personen (hier: gleichberechtigte Netzwerkteilnehmer) so agiert, dass am Ende, ohne es beabsichtigt zu haben, das sichere Gefühl einer nicht mehr auf einzelne Personen zurechenbarer Verantwortung für die Führung der Gruppe entsteht. Schlüsselbegriffe dieses Verständnisses von Führung sind gemeinsame Verantwortung und gemeinsames Lernen. Der Generative Dialog stellt hierbei die höchste Stufe eines gemeinschaftlichen Lernprozesses (Lern-Dialog) dar. Das Erreichen dieser höchsten Stufe wird dort als Shared Leadership definiert und kommunikationstheoretisch fundiert. Abb. 3.1 visualisiert die einzelnen Stufen. Die Entwicklung ist prototypisch dargestellt und kann praktisch variieren sowie zeitlich überlappen (z. B. über mehrere Meetings hinweg).

Im Einzelnen: Die erste Dialog-Phase **(Höflichkeitsphase)** steht für eine freundlich zurückhaltende Aufwärmphase. Man orientiert sich an vorhandenen Normen und Regeln und offenbart nur sehr eingeschränkt, was man wirklich denkt. Viel offener und zunehmend authentisch geht es in der zweiten Phase **(Debatte)** zu. In dieser „Zusammenrauf"-Phase werden persönliche Standpunkte vertreten, eigene Meinungen und Ideen verstärkt eingebracht sowie aufkommende

Generativer Dialog als Shared Leadership

Lern-Dialog
(*Learning Conversation*)

Generativer Dialog   *Shared Leadership*
(An)erkennen von Interdependenz; Gemeinschaftsgefühl („Wir"); gegenseitige Verpflichtung; gemeinsame Verantwortung für den Prozess; Koordination als Gemeinschaftsaufgabe

Reflektierender Dialog
Zunehmend selbst-reflektierend; kritische Reflexion von Regeln; Exploration neuer Optionen; empathisches Zuhören; zunehmendes Vertrauen und Verständnis

Debatte
Zunehmend authentisch; Regeln werden ausgehandelt, Konflikte bearbeitet; Suche nach (neuen) Lösungen beginnt

Höflichkeitsphase
Freundliche „Aufwärmphase"; Rollen und Regeln werden reproduziert; Fokus auf vorhandenes Wissen

Interaktions- und Beziehungsqualität

Abb. 3.1 Stufenmodell der Entwicklung von Shared Leadership verstanden als Generativer Dialog (vgl. Weibler und Rohn-Endres 2010)

Konflikte bearbeitet. Regeln werden kritisch infrage gestellt und die Suche nach (neuen) Lösungen kann beginnen. In der nächsten Phase (**Reflektierender Dialog**) werden eigene Einstellungen, Meinungen und die eigene Situation kritisch hinterfragt. Man interessiert sich auch mehr für die Perspektiven und Erfahrungen der anderen Gesprächspartner. Zunehmendes Vertrauen und Verständnis schaffen die Basis für gemeinschaftliche Übernahme von Verantwortung. Durch intensiven Austausch von Gedanken und Erfahrungen entwickeln sich gemeinsame Lernprozesse, hier mit inhaltlicher Ausrichtung auf spezifische Problemstellungen der Teilnehmer (z. B. Umweltmanagement). Mit zunehmender Beziehungsqualität bewegt sich die Gruppe auf die nächste entscheidende Phase des Lern-Dialogs zu und kann in den **Generativen Dialog** eintreten. Die Teilnehmer erkennen, dass sie „im gleichen Boot" sitzen und die entsprechenden Problemstellungen besser gemeinsam als alleine bewältigen können. Es entsteht eine starke Solidarität basierend auf einem ausgeprägten Wir-Gefühl. Alle sind dann auch bereit, sich für die gemeinsame Sache einzusetzen. Die Gruppe als Ganzes koordiniert ihre Prozesse und entwickelt gemeinsam etwas Neues (z. B. Umsetzung eines innovativen Projekts, neue Vermarktungsstrategien, Einwirken auf die öffentliche Meinung).

Zentral bei der Entwicklung von Shared Leadership ist hierbei, dass die Arbeitskreismitglieder in der Lage waren, ihre Aufmerksamkeit auf ein übergeordnetes, gemeinsam als wichtig erachtetes Anliegen hin auszurichten und das „Ganze" im Blick zu haben. Zusammengefasst sind hierzu die beiden folgenden Veränderungen im Denken sowie in der Kommunikationsqualität erforderlich:

1. Verschiebung von *unreflektierter* „Standard-Kommunikation" (die vorhandene Wirklichkeit, Meinungen, Sichtweisen wiedergeben) hin zu einem *selbstreflektierenden* Dialog (kritische Reflexion des Vorhandenen, Ausrichtung auf zukünftig Mögliches)
2. Verschiebung von der Fokussierung auf *Einzelinteressen* hin zur *Wahrnehmung des „Ganzen"* (u. a. basierend auf der Anerkenntnis von Interdependenzen bzw. einem als übergeordnet wichtig erachteten Anliegen).

Auf dieser Basis kreiert die Gruppe durch gemeinschaftliche Erfahrungen einen Umgang miteinander, bei dem das „Wir" anstelle des „Ich" das Denken und Handeln wie selbstverständlich prägt. Folglich werden Aktivitäten als kollektive Angelegenheit wahrgenommen und die dafür notwendigen Praktiken im Laufe der Zusammenarbeit eingeübt. Damit haben die Mitglieder die Bereitschaft und die Fähigkeiten entwickelt, ihre Angelegenheiten gemeinschaftlich zu koordinieren **(kollektive Führungskapazitäten)**.

Mit dem Erreichen der Stufe des Generativen Dialogs praktizieren die Mitglieder Shared Leadership als gemeinschaftlichen Einflussprozess. Mit der Betonung der dialogbasierten kollektiven Aktivität wird auch ersichtlich, dass dieses Verständnis von Plural Leadership weit über die oben beschriebenen etwas schlichteren Vorstellungen hinausgeht, die Plural Leadership zum Beispiel lediglich als eine temporäre und (oder) situationsangemessene (Ver-)teilung von Führungsaufgaben auf mehrere Mitglieder eines Teams begreifen. Weiterhin hat unsere Untersuchung gezeigt, dass Lern-Dialoge zur Realisierung unterstützt werden müssen. Darauf gehen wir noch ein (Kap. 5). Dies gelingt aber nur dann, wenn die zugrunde liegenden Entstehungsmechanismen von Shared Leadership erkannt werden. Darum geht es im nächsten Abschnitt.

3.3 Kollektive Identität und wertebasierte Sinnstiftung als Energiequellen

Das maßgebliche „Triebwerk" von Shared Leadership ist die geteilte Identität der Mitglieder. Diese Identität umfasst in unserer Studie zugleich motivationsbezogene und wertbasierte Dimensionen. Wir haben sie daher als **gemeinschaftlich motivierte wertbasierte Identität** bezeichnet.

Im Kern geht es um eine kollektive Identität, die mit dem Streben, etwas Sinnstiftendes umzusetzen, verbunden ist. Die Charakteristika dieser Identität erschließen sich leicht, wenn man sie mit dem Gegenstück einer *individualistisch motivierten instrumentalistischen Identität* kontrastiert (siehe Tab. 3.1). Bei dieser Identitätsausprägung war Shared Leadership nicht möglich. Wir illustrieren die beiden Identitätsformen und geben dazu repräsentative Zitate der Mitglieder.

Die *erste Identitätsvariante* (linke Spalten) ist durch eine individualistische Orientierung charakterisiert. Die Mitglieder identifizieren sich zwar in gewisser Weise mit dem Netzwerk und schätzen es auch. Sie sehen sich jedoch nicht als Teil eines „Großen Ganzen". Vielmehr haben sie eine Teilnehmerhaltung kultiviert. Man geht da eben mal hin, ist interessiert und schaut, was sich ergibt. Man versucht dann, etwas davon für sich umzusetzen. Damit verbunden ist eine vorwiegend instrumentalistische Orientierung. So wird beispielsweise eine Zertifizierung im Umweltmanagement angestrebt, weil die Kunden danach fragten und nicht aufgrund eines ausgeprägten Ökologiebewusstseins.

Dahingegen zeichnet sich die *zweite Identitätsvariante* (Tab. 3.1 rechte Spalten) durch eine kollektivistische Orientierung aus. Diese zeigt sich etwa dadurch, dass die Mitglieder nahezu ausschließlich in der Wir-Form voneinander sprechen. Sie sehen sich als „starke Gemeinschaft". Dies führt netzwerkintern dazu, dass man sich gegenseitig selbstverständlich unterstützt, und zwar auch ohne unmittelbaren Nutzen für sich daraus zu ziehen (vgl. zu dieser Geisteshaltung auch Weibler 2018a). In diesem Sinn geht es um Unterstützung aus einer übergeordneten Warte, die sich auf das Netzwerk als Gesamtheit richtet. Die Motivation für eine Netzwerkteilnahme geht über eine rein instrumentalistische Vorteilsfokussierung hinaus. Vielmehr wollen die Teilnehmer in gemeinschaftlicher Anstrengung eine übergeordnet bedeutsame Sache voranbringen. Dies ist mit einer gemeinschaftlichen Motivation verbunden („Das Netzwerk als Ganzes weiterzuentwickeln und etwas umzusetzen"). Es gelingt den Teilnehmern, immer wieder partikularistische Einzelinteressen zugunsten übergeordneter Interessen in den Hintergrund treten zu lassen.

Dies fällt leichter, wenn die Überzeugung hinzukommt, dass das, was man tut (und erreichen will), „vernünftig ist", also Sinn ergibt. Die Teilnehmer verbinden dies mit dem Streben nach einem gesellschaftlichen Mehrwert, was jenseits einer rein ökonomischen Zielorientierung liegt (vgl. Tab. 3.1). Für die Teilnehmer ist das Netzwerk weiterhin eine hervorragende Möglichkeit, ihre Anschauung („Philosophie") nach außen zu transportieren. Auch dies ist eine Komponente kollektiver Identität. Die energetisierende Wirkung von kollektiver Identität entfaltet sich, wenn die Teilnehmer einen Raum und eine Gemeinschaft finden, in der sie ihre **Identität ausleben** können. Dies erfolgt zunächst im intensiven

Tab. 3.1 Illustration unterschiedlicher Identitätsformen

Individualistisch instrumentalistisch motiviert		Gemeinschaftlich wertbasiert motiviert	
Komponenten	Repräsentative Zitate	Komponenten	Repräsentative Zitate
Individualistisch orientierte Identität	Ich sage, da schließe ich mich an und nehme teil. Es geht darum, Informationen, Ideen und Erfahrungen auszutauschen mit Experten aus anderen Unternehmen und Bereichen.	Kollektivistisch orientierte Identität	Wir sind eine große Gemeinschaft. Unser Thema ist auch von gesellschaftlicher Relevanz.
Teilnehmerfokussierte Motivation	Dann versuchst du es (neue Ideen) in deiner eigenen Firma anzuwenden.	Gemeinschaftsfokussierte Motivation	Man unterstützt die anderen, auch wenn das eigene Unternehmen nicht direkt betroffen ist. Im Netzwerk will ich etwas zusammen mit den anderen erreichen – was wir alle wollen.
Vorwiegend instrumentalistisch orientierte Partizipation im Netzwerk	Die Information war sehr hilfreich, weil wir nicht so viel Erfahrung haben im Umweltmanagement. Es kamen Kunden auf uns zu und fragten nach, ob wir ein zertifiziertes Umweltmanagement haben.	Vorwiegend werteorientierte Partizipation im Netzwerk	Hier steht viel weniger der reine Egoismus im Vordergrund. Wir wollen etwas Vernünftiges erreichen, es geht nicht in erster Linie um Profit.

Austausch sowie der Suche nach Möglichkeiten etwas „Vernünftiges" in die Tat umzusetzen. Das Netzwerk bietet somit einen Raum, **Sinnhaftigkeit zu produzieren und zu erleben.**

Bestandteil kollektiver Identität ist auch das Streben, sich als Netzwerk zu evaluieren („Wie gut sind wir als Gemeinschaft und was erreichen wir wirklich als Netzwerk – auch im Vergleich zu anderen Netzwerken"). Abgrenzung nach außen, typisch für Kollektive zur Identitätsbildung, existiert also auch hier. Die Teilnehmer entwickeln weiterhin die Überzeugung, gemeinsam etwas bewegen zu können (kollektive Erfolgserwartung). Aufgrund tatsächlich verbuchter Erfolge betonen sie die hohe **Effektivität** des Netzwerkes. Beides stärkt wiederum die Solidarität und Gemeinschaftsmotivation. Damit sind wir bei den Wirkungen von Plural Leadership angelangt, die wir im Folgenden genauer betrachten.

Kritische Forschungssynopse: Was bringt Plural Leadership?

4

Wir haben Befunde aus unterschiedlichen theoretischen wie methodischen Perspektiven in einer geglätteten Forschungssynopse zusammengeführt. Die Befunde sind unterschiedlichen Ebenen (Individuum, Organisation/Team, Gesellschaft) zugeordnet. Dies wohl wissend um unvermeidliche Überschneidungen und Wechselwirkungen. Tab. 4.1 bündelt die Befunde und weist wissenschaftliche Studien zur Fundierung aus.

Aus der Perspektive des Individuums
Hier steht die Verbesserung der individuell erlebten Arbeits- und Lebensqualität im Mittelpunkt der Studien. Die Verteilung von Führungsaufgaben auf mehrere Schultern beugt Überlastung bzw. drohender Überforderung (kognitiv, emotional sowie motivational) vor. Zeit und Ressourcen der Führungskraft werden geschont, wenn die Teammitglieder sich gegenseitig führen. Beispielsweise, indem sie sich an Projekttermine erinnern, oder sich gegenseitig motivieren. Weiterhin können verbesserte Austausch- und Lernmöglichkeiten durch Zusammenarbeit mit Co-Leadern zu größerer Sicherheit bei Entscheidungen beitragen und den Verantwortungsdruck für die einzelne Führungskraft verringern (Schlagworte hierbei sind: Stresspuffer, verbesserte Work-Life-Balance/Wohlbefinden). Dies umfasst so positive Formen wie das Erleben von Flow. Mehr Freude sowie ein Zuwachs an positivem Erleben im Beruf resultiert weiterhin aus einer umfassender ermöglichten Teilhabe durch Plural Leadership. Ganz im Spirit von *New Work* (Menschen wollen sich einbringen und etwas bewirken) und im Zeitgeist, werden aktuell gemeinschaftsbasierte und demokratische Führungsverständnisse zunehmend mehr goutiert als tradierte „heroische" Führungsvarianten. Dies machen sich auch Organisationsverantwortliche zunutze, insbesondere, indem sie im Wettstreit um Arbeitskräfte mit einer modernen Führungskultur werben. Damit ist bereits die nächste Ebene tangiert.

© Springer Fachmedien Wiesbaden GmbH, ein Teil von Springer Nature 2019
S. Endres und J. Weibler, *Plural Leadership*, essentials,
https://doi.org/10.1007/978-3-658-27116-9_4

Tab. 4.1 Forschungsbefunde im Überblick

„Perspektive": *Hauptergebnis*	Befunde, Hauptaussagen, Kernkonzepte	Ausgewählte Studien
Individuum *Verbesserte individuell erlebte Arbeits- und Lebensqualität*	• Geringere Arbeitsbelastung durch Verteilung der Führungsaufgaben (weniger Stress, bessere Work-Life-Balance, mehr Spaß/Freude bei der Arbeitsausübung, Flow-Empfinden) • Verbesserter Umgang mit Komplexität durch gegenseitige Absicherung • Verbesserte Austausch- und Lernmöglichkeiten durch Zusammenarbeit mit Co-Leadern (Perspektivenvielfalt)	Aubé et al. (2018), Fletcher und Käufer (2003), Crevani et al. (2007), Hooker und Csikszentmihalyi (2003), Weibler und Rohn-Endres (2010)
Organisation/Team *Verbesserte Effektivität und Leistung* *Lernen, Kreativität, Innovationskraft*	• Geringere Anfälligkeit im Falle der Abwesenheit bzw. des Ausscheidens einzelner Führungskräfte (führungsbezogener Aufbau von Überschussressourcen) • Verbesserte Entscheidungsqualität, Lernergebnisse sowie Innovationskraft von Teams/Organisationen • Positive Leistungsergebnisse auf der Team- und Organisationsebene, vermittelt durch verbesserte Teamprozesse/Teamcharakteristika (Gruppenzufriedenheit, Informationsaustausch, Vertrauenszuwachs, Kohäsion, kollektive Selbstwirksamkeit, Team-Motivation)	Ensley et al. (2006), Nicolaides et al. (2014), Carson et al. (2007), Pearce und Sims (2002), Sweeney et al. (2018), Dust und Ziegert (2016), Fletcher und Käufer (2003), Sun et al. (2016), D'Innocenzo et al. (2016), Drescher et al. (2014), Denis et al. (2012), Wang et al. (2014), Weibler und Rohn-Endres (2010), Endres und Weibler (2014, 2019a)
Gesellschaft *Legitimität von Führung* *Aspekte ethischer Führung*	• Zeitgeist verweist auf höhere Akzeptanz von partizipativen stärker demokratisch basierten Führungsvorstellungen (Bedürfnis nach breiterer Führungsbeteiligung) • Geringere Machtkonzentration beugt selbstüberschätzenden, abgehobenen Führungsverhalten Einzelner vor • Geringere Gefahr von unmoralischen und/oder illegalen Managementpraktiken (mehr Transparenz/Kontrolle)	Galperin et al. (2011), Kuhn und Weibler (2003), Raelin (2014), Crevani et al. (2007), Salovaara und Bathurst (2018), Tourish (2014)

Aus der Perspektive von Organisation und Team

Ein erster Nutzen von Plural Leadership für Organisationen besteht in Recruiting Vorteilen, die auf einer höheren Attraktivität als Arbeitgeber mit einer modernen Führungskultur basieren. Gerade gut ausgebildete professionalisierte Wissensarbeiter bevorzugen eher Arbeitssettings „auf Augenhöhe". Als weitere Vorteile werden eine höhere Flexibilität, Wandlungs- und Anpassungsfähigkeit an komplexe Umwelten sowie eine verbesserte Entscheidungsqualität durch die Nutzung des (kreativen) Potenzials möglichst aller Organisationsmitglieder aufgezeigt. Neuerer Forschung zufolge sind gemeinschaftliche Lernprozesse grundlegend mit Plural Leadership (Shared Leadership) verbunden und tragen zur innovativen Umsetzung von Projekten bei. Hinzu kommt eine geringere Anfälligkeit im Falle der Abwesenheit bzw. des Ausscheidens einzelner Führungskräfte (führungsbezogener Aufbau von Überschussressourcen).

Ein relativ großer Teil der Studien fokussiert auf die Optimierung gruppeninterner Prozesse zur Leistungsverbesserung (auf Team- und Organisationsebene). Ein Beispiel hierfür ist die Fragebogenstudie in zahlreichen Start-ups in den Vereinigten Staaten von Ensley et al. (2006). Hier wurde der Beitrag von vertikaler Führung (Einzelführung) und Shared Leadership zum Leistungsergebnis untersucht. Der vergleichsweise höhere Beitrag von Shared Leadership zur Leistungsverbesserung konnte nachgewiesen werden. Anders ging Solansky (2008) vor. Sie analysierte in einer Laborstudie die Vorteile für Teams mit Shared Leadership im Vergleich zu Teams mit Einzelführerschaft. Die Vorteile von Shared Leadership zeigten sich u. a. in Form einer höheren kollektiven Selbstwirksamkeit (motivationaler Vorteil) sowie durch verbesserte Teilung von Information (kognitiver Vorteil). Mittlerweile liegen aktuelle Meta-Studien vor. Diese zeigen die positiven Zusammenhänge zwischen Plural Leadership und Leistungsvariablen über Einzelstudien hinweg auf (z. B. Wang et al. 2014; D'Innocenzo et al. 2016; Nicolaides et al. 2014). Tendenziell weisen die Befunde darauf hin, dass Plural Leadership dann seine Stärken entfaltet, wenn es jenseits klassischer Führungsstile (wie direktive oder aufgabenorientierte Führung) um Führungsstile des sogenannten „New Genre Leadership" (z. B. ermächtigende oder transformationale Verhaltensweisen) geht. Führungsverhalten fokussiert hier in besonderer Weise auf Entwicklung, Wandel und Lernen.

Hervorzuheben ist, dass sich die Leistungswirkungen von Plural Leadership durch vielschichtige Prozesse, die im Kern die Teamfunktionalität verbessern, entfalten. Dies resultiert schon allein aus dem Ringen um Verständigung hinsichtlich tragfähiger Lösungen. Studien verweisen insofern auch darauf, dass sowohl die gruppeninternen Prozesse als auch die Inter-Gruppen-Koordination mit erheblichem Führungsbedarf verbunden ist (z. B. Ingvaldsen und Rolfsen 2012).

Konflikte und ein erhöhter Kommunikationsbedarf lassen so manche Initiative zur Führungsverteilung scheitern. Wenn es jedoch am Ende gelingt, Konflikte angemessen zu bearbeiten und eine gemeinsame Lösung zu finden, stärkt dies das Vertrauen, die Verbundenheit und Solidarität unter den Mitgliedern. Anstatt Probleme oder Konflikte nach oben „zu delegieren" sollten daher diejenigen, die in einen pluralen Führungszusammenhang eingespannt sind – sei es als Gruppe oder als Führungsdual – zunächst versuchen, gemeinschaftliche Bearbeitungsstrategien zu entwickeln (vgl. Reid und Karambayya 2009). Bei allen Formen von Plural Leadership nehmen Interaktion und Kommunikation daher zunächst einmal zu. Dies ist jedoch kein negativ zu bewertender „Kommunikationsaufwand". Vielmehr muss Kommunikation als das wichtigste Medium der Entwicklung und Ausgestaltung von Plural Leadership angesehen werden. Dies haben wir im Lichte neuerer Forschungsbefunde im vorangegangenen Kapitel illustriert.

Dennoch zeigt sich eine klare, quasi natürliche Grenze für Plural Leadership. Diese ist durch den Kontext und die Art der Aufgabenstellung markiert. So ist Plural Leadership, insbesondere Shared Leadership nicht mehr sinnvoll, wenn es um Routineaufgaben sowie standardisierte Prozessabläufe geht. Dahingegen kann Plural Leadership sein volles Potenzial bei komplexen und neuartigen Aufgabenstellungen sowie in wissensintensiven Organisationen entfalten.

Gesellschaftliche Ebene

Betrachtet man die Vorteile von Plural Leadership auf der gesellschaftlichen Ebene, so rücken ethisch-moralische Dimensionen von Führung sowie Legitimitätsaspekte in den Vordergrund. Die vielfältigen Erkenntnisse über negative Folgen von Machtmissbrauch aufgrund von unkontrollierter Macht in den Händen einzelner Führungspersonen an der Spitze legen nahe, Führung auf mehrere Personen zu verteilen. Die managementbezogene Ethikforschung verweist darauf, dass gerade die weit verbreitete elitäre Abkopplung von Führungsriegen sowie Bestrebungen, sich statusmäßig von anderen abzuheben, die Gefahr erhöht, dass Prinzipien moralischen Handelns über Bord geworfen werden. Die Gefahr der Entwicklung korrupter oder moralisch verwerflicher Verhaltensweisen ist bei Plural Leadership deutlich geringer.

Weiterhin zeigt sich die gesellschaftliche Bedeutung von Plural Leadership darin, dass es den Zeitgeist eines stärkeren Strebens nach Teilhabe wesentlich besser trifft als klassische Top-Down Führungsmodelle. *Teilen ist in* – und das gilt auch für Macht und Einfluss. Eine Abkehr vom immer noch weit verbreiteten „Heldenkult" in der Führung wird zunehmend gefordert. Plurale Führungsformen stoßen daher aufgrund ihrer gemeinschaftsbasierten und demokratischen Grundausrichtung auf eine höhere Akzeptanz.

Kritisches Zwischenfazit

Die Forschungslage verweist, neben positiven Ergebnissen auf der individuellen und gesellschaftlichen Ebene, insbesondere auf Leistungs- und Effektivitätssteigerungen (Teams und Organisationen). Problematische Einsatzformen, die noch näher zu bestimmen wären, wurden bislang kaum berichtet. Ausnahmen beziehen sich auf kritische Aspekte einer vordergründigen Einführung von neuen (selbstorganisierenden) Organisationsmodellen mit Plural Leadership (vgl. Salovaara und Bathurst 2018). Hiernach steigt bei einer Einführung derartiger Modelle bei unzureichenden horizontalen Einflussmöglichkeiten (mangelhaftes Empowerment) die Gefahr dysfunktionaler Prozesse (z. B. Überlastung der Beteiligten, Burnout). Eine nachhaltige Entfaltung des positiven Potenzials von Plural Leadership hängt somit schon von der Art und Weise seiner „Einführung" ab. Dies werden wir im nächsten Kapitel vertiefen. Hervorzuheben ist, dass bei den positiven Ergebnissen auch Lern- und Innovationsprozesse umfasst sind. Dennoch ist die Studienlage keineswegs konsistent. Dies gilt vor allem hinsichtlich der Bedingungen und Mechanismen, durch die sich die Wirkungen von Plural Leadership letztlich entfalten. Aktuell gibt es jedoch auch hier Studien, die hierzu nicht zuletzt durch ein spezielles methodisches Vorgehen (z. B. qualitative Feldstudien mit teilnehmenden Beobachtungen) zum Erkenntniszuwachs beitragen konnten (z. B. Endres und Weibler 2019a). Hinzu kommen methodische Probleme bei der standardisierten Erfassung von Shared Leadership (Fragebögen). Diese basieren in der Regel nicht auf einer direkten Erhebung oder tatsächlichen Beobachtung von Verhaltensweisen bei der Führung, sondern auf der Wahrnehmung von Team- oder Organisationsmitgliedern. Problematischer aber ist, dass hierbei Plural Leadership zumeist lediglich als Summierung von individuellem Führungsverhalten verstanden wird. Man schaut dann im Prinzip nur, ob ein „Plus" an Personen (z. B. weitere Teammitglieder) vorhanden ist, das Führungsverhalten zeigt. Das ist zwar positiv, aber nicht ausreichend. Die Frage, ob die anderen Teammitglieder ebenso fluide in die entsprechenden Geführtenrollen geschlüpft sind, wird zumeist ausgeblendet. Es wird nicht abgesichert, ob die Beeinflussungsversuche überhaupt von anderen Teammitgliedern angenommen wurden. Unterbelichtet ist somit vor allem **das „Wie"** der Verteilung bzw. gemeinschaftlichen Ausübung von Führung. Dazu ist ein erweitertes Verständnis von Führung erforderlich. Wie dies aussieht, und inwiefern eine gelingende praktische Umsetzung von Plural Leadership davon abhängt, zeigen wir im nächsten Kapitel auf.

Gestaltungsempfehlungen: Praktische Umsetzung von Plural Leadership

5

5.1 Mindset

Das Potenzial von Plural Leadership kann sich nur entfalten, wenn der gesamte Prozess (das „Wie") einer Verteilung bzw. gemeinschaftlichen Ausübung von Führung berücksichtigt wird. Dazu muss die revitalisierende Kraft von Plural Leadership von ihrem eigentlichen Ausgangspunkt her gedacht werden. Es ist eben nicht einfach eine Multiplizierung von Leitungsstellen. Plural Leadership ist etwas ganz anderes als weitere Personen formal, etwa durch Delegation oder Ähnliches, mit Vorgesetztenpositionen zu betrauen. Es fußt auf einem anders gelagerten Verständnis von Führung. Dieses kann zunächst negativ definiert werden: Es ist die Ablehnung verschiedener Führungsmythen (vgl. Weibler 2013), von denen der sogenannte **Objektivitätsmythos** der Anfang einer Fehlwahrnehmung ist.

Der Objektivitätsmythos transportiert die unhinterfragt für wahr gehaltene Auffassung, dass Führung durch die Analyse des Verhaltens von Personen in Führungspositionen objektiv identifizierbar ist. Auch bei Plural Leadership setzt sich dies eindrucksvoll fort. Beispielsweise mit der Rede von Verteilter Führung, indem suggeriert wird, dass Führung „etwas" (ein Ding) ist, das verteilt werden kann – und zwar von denen, die Führung innehaben („besitzen"). Führung wird also verdinglicht. Als Quelle der Verteilung von Führung werden, dieser Logik folgend, ganz selbstverständlich formal (hierarchische) Vorgesetztenpositionen angesehen. Der Objektivitätsmythos übersieht, dass Führung im Gegensatz zu formalen Vorgesetzten- oder Leitungspositionen, die immer an eine Stelle gekoppelt sind, gar nicht objektiv existiert. Vielmehr muss Führung von den Beteiligten erst erschaffen werden, und zwar basierend auf individuellen sowie kontextabhängigen Interpretationen.

© Springer Fachmedien Wiesbaden GmbH, ein Teil von Springer Nature 2019
S. Endres und J. Weibler, *Plural Leadership*, essentials,
https://doi.org/10.1007/978-3-658-27116-9_5

Führung ist als „soziale Tatsache" also das Ergebnis einer sozialen Konstruktion (Endres und Weibler 2017; Uhl-Bien et al. 2012). Führung ist immer eine zweiseitige Medaille (Führende/Geführte). Führung kann daher nur entstehen, wenn sie von denjenigen, die geführt werden sollen, einer Person, die führen möchte, auch **zugeschrieben** wird. Diejenigen, die Führung einer anderen Person zuschreiben, müssen dann auch bereit sein, Gefolgschaft zu zeigen. Eine ursprüngliche Zuschreibung von Führung wird somit durch Interaktionen, Gespräche und *Praktiken* (Projekte, gemeinsame Erfahrungen) in Intensität und Qualität ständig weiterentwickelt. Dabei spielen der Kontext sowie Kulturelles und Gesellschaftliches (Konventionen, Normen) aber auch individuelle Erfahrungen und Erwartungen der Beteiligten eine Rolle. Abb. 5.1 stellt die **dynamische Interaktions- und Beziehungsperspektive** einer starren individuenzentrierten objektivistischen Perspektive gegenüber (vgl. Endres und Weibler 2019b, 2017).

Wie ersichtlich wird, stellt dieses Führungsverständnis auf die **Wechselseitigkeit** von Beziehungen ab. Damit hat es ein hohes emanzipatorisches Potenzial. Denn letztlich wird mündigen Individuen das beidseitige Recht zur Entwicklung und Ausgestaltung der Führungsbeziehung zuerkannt. Die Geführten werden vom „Empfänger" von Führung zu aktiven Mitgestaltenden. Das gilt nicht nur für die Anerkennung von Führung oder Gefolgschaft, sondern auch für deren Aberkennung. Es kann also in den führungsbezogenen Interaktionen durchaus

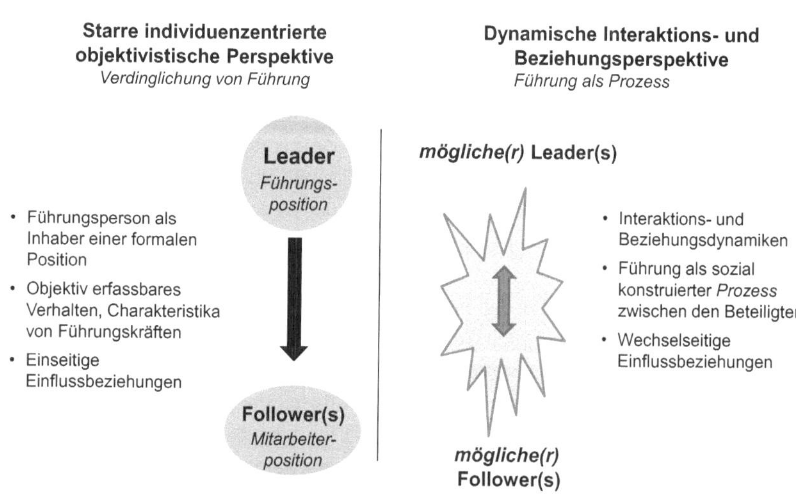

Abb. 5.1 Starre individuenzentrierte objektivistische Perspektive versus dynamische Interaktions- und Beziehungsperspektive

recht dynamisch zugehen. Umso mehr sind verteilte und gemeinschaftliche Einflussprozesse nur mit ihrer Einbettung in gruppenspezifische Interaktions- und Beziehungsprozesse zu verstehen.

Somit gilt: Plural Leadership muss sich erst entwickeln. Folglich entzieht sich die praktische Umsetzung von Plural Leadership einer technizistischen Implementierungslogik. Verteilte Führung lässt sich beispielsweise nicht einführen, indem man Führung auf mehrere Schultern verteilt, also weitere funktionale Führungsrollen etabliert. Ebenso wenig kann Shared Leadership dadurch ins Leben gerufen werden, dass man Gruppen als autonome bzw. selbstorganisierende Projektgruppen etabliert und mit Freiheit hinsichtlich ihrer Arbeitsabläufe ausstattet (vgl. Lee und Edmondson 2017; Salovaara und Bathurst 2018). Damit ist lediglich ein *Möglichkeitsraum* für die Entstehung von Plural Leadership geschaffen, der je nach Konstellation als struktureller oder formaler Rahmen fungiert. Hinzukommen muss eine Kultur, die Führung als Zuerkennungsphänomen begreift und plural denkt. Ob und in welcher Form sich Plural Leadership dann faktisch entwickelt, ist zunächst offen und muss sich in fortlaufend gemeinschaftlichem Tun manifestieren.

Betrachten wir beispielsweise eine Projektgruppe, der ein abgesteckter Arbeitsbereich übertragen wurde. Selbst wenn wir dafür annehmen, dass mehrere/ alle Gruppenmitglieder bereit sind, Führungsverantwortung zu übernehmen bzw. „Führungsverhaltensweisen" zeigen, dann begründet selbst dieser an sich günstige Fall für sich allein noch keine Führung. Vielmehr haben wir, solange nicht andere Gruppenmitglieder „mitziehen", bestenfalls ein Mehr an Führungsaspiranten. Um zu einem echten Plural-Leadership-Prozess zu kommen, muss zunächst die Follower-Perspektive gestärkt werden. Im Mittelpunkt stehen dann die Interaktions- und Beziehungsdynamiken, in die (mögliche) Führende und (mögliche) Geführte eingebettet sind. Es ist zunächst offen, ob und wie sich Führung in komplexen Prozessen der Aushandlung entfaltet (vgl. Zuschreibung von Führung, Akzeptanz der Einflussnahme, Übernahme der Geführtenrolle). In seiner vollständigen Ausprägung kann dies in einen gemeinschaftlichen Einflussprozess, der durch schwungvolles Voranschreiten der Gruppe als Ganzes gekennzeichnet ist, münden (vgl. Kap. 3).

Im Folgenden zeigen wir zukunftsweisende Führungspraktiken für die gelingende Kultivierung von Plural Leadership auf. Dies erfolgt auf der Basis der bisher dargelegten Befunde unserer empirischen Studien (vgl. Kap. 3) sowie unter Hinzunahme weiterer neuer wissenschaftlicher Erkenntnisse zur Entwicklung von Plural Leadership.

5.2   Praktiken

Einem stimmigen Mindset zur Kultivierung von Plural Leadership müssen handlungspraktische Schritte zum Leben dieser Führungsform folgen. Gerade das Paradigma der Selbstorganisation mag Organisations- und Führungsverantwortliche dazu verleiten, „die Sache mal laufen zu lassen" oder nachdem die Gruppe „ermächtigt" wurde, die Gruppenmitglieder „mal machen zu lassen". Wer ernsthaft an der Realisierung von Plural Leadership interessiert ist, sollte sich einer derartigen Illusion nicht hingeben. Ein *Laissez-Faire* ist hier fehl am Platz.

Vielmehr sind eine sensible Gestaltung des Umfeldes sowie eine umsichtige Begleitung des Prozesses erforderlich. *Empowering Leadership* lautet hier das Schlagwort. Angesprochen ist damit die Erweiterung von Entscheidungs- und Handlungsspielräumen bei gleichzeitiger Befähigung von Mitarbeitenden. Nun ist eine solche Aussage noch reichlich allgemein. Angelehnt an unsere eigenen Studien können wir jedoch eine Konkretisierung vornehmen. Zentrale Ansatzpunkte sind danach die Kultivierung *hochqualitativer Lern-Dialoge sowie kollektiver wertbasierter Identitäten*. Des Weiteren tritt eine *durch Bescheidenheit gelebte Führung* hinzu. Darauf aufbauend können folgende praktische Umsetzungsempfehlungen aufgezeigt werden.

1. Unterstützung von Lern-Dialogen

Lern-Dialoge mit dem Ziel, Shared Leadership zu entwickeln, sind ohne eine inklusive Kommunikation undenkbar. Mit dem Generativen Dialog (lernintensiver schöpferischer Dialog) haben wir ein hierfür passendes Kommunikationsmodell bereits vorgestellt (Abschn. 3.2). Das Modell differenziert vier Dialogphasen (Abb. 3.2). Die phasenbezogenen Empfehlungen zur Unterstützung von Lern-Dialogen sind allerdings nicht streng linear zu verstehen. Vielmehr muss an die jeweilige Verfasstheit der Gruppe (z. B. Beziehungs- und Kommunikationsqualität) angeknüpft werden. Das heißt auch, dass unterschiedliche Geschwindigkeiten in und zwischen Gruppen auftreten werden. Hier folgen nun Empfehlungen zur Ausgestaltung produktiver Lerndialoge. Die Ausgangssituationen beschreiben dabei jeweils zunächst den Punkt, auf den typischerweise aufzusetzen ist. Die Empfehlungen konkretisieren dies dann.

Höflichkeitsphase

Ausgangssituation: Keiner artikuliert wirklich offen seine Interessen und Perspektiven, sondern bestätigt nur bereits Bestehendes. Dies ist hinderlich für einen nach vorne gedachten Erfahrungsaustausch.

Empfehlungen:

- Selbstbezogenheit und Zurückhaltung sollten nach einer Aufwärmzeit abgelegt werden
- Hilfreich ist, was von Alltag und Ego ablenkt
- Lernförderliche Umgebung mit Freiräumen zum Experimentieren, keine Überformalisierungen
- Schaffung möglichst vielfältiger Austausch- und Kommunikationsplattformen zur Förderung der Reflexion eigener Ansichten und der kollektiven Meinungsbildung
- Sinn des Netzwerkes/Gruppe verdeutlichen und eine Kooperations-Philosophie kommunizieren.

Phase der Debatte

Ausgangssituation: Der Austausch wird offener und zunehmend authentisch. Eigene Meinungen werden (offensiver) eingebracht. Es gilt zermürbende Endlos-Debatten zu vermeiden.

Empfehlungen:

- Konflikte offen austragen, nicht in die Unverbindlichkeit der Höflichkeitsphase zurückfallen
- Moderatoren unterstützen bei den Mitgliedern eine positive Haltung zur Perspektivenvielfalt
- Abschied vom Verhandlungsmodus, wie er im „Business" traditionell vorherrscht
- Verdeutlichen, dass Kommunikation hier nicht Mittel ist, um andere von der eigenen Meinung (Vision, Ziel o. ä.) zu überzeugen, sondern ein Medium des offenen, unvoreingenommenen Austausches und gemeinsamen Lernens (gemeinsam ergebnisoffen Neues erkunden).

Reflektierender Dialog

Ausgangssituation: Prozesse des Miteinander-Denkens und des gemeinsamen Lernens erfordern eine selbstkritische Gesprächshaltung, die auch herauszufinden versucht, was für die jeweiligen Gesprächspartner gerade bedeutsam ist und warum.

Empfehlungen:

- Gegenseitige Neugierde der Teilnehmer aktivieren
- Erkundigendes Verhalten fördern (abhängig von der Lern-Orientierung der Teilnehmer)

- Regeln eines respektvollen und wertschätzenden Umgangs aufstellen und einhalten
- Gespräch aktiv in der Schwebe halten (offene Fragen, Zuhören)
- Allgemeingültige oder sofort umsetzbare Entscheidungen zurückstellen (keine voreiligen Aktionsschritte)
- Demokratische Abstimmungen nur in Ausnahmefällen, da diese Lernprozesse unterdrücken können
- Bestehendes hinterfragen, Denken in Möglichkeiten (versus Gewissheiten) fördern
- Wert von Spekulativem und Hypothetischem verdeutlichen.

Generativer Dialog

Ausgangssituation: Durch gemeinsame Lernerfahrung und Austausch im Reflektierenden Dialog nehmen Vertrauen und gegenseitige Verpflichtung zu. Nun müssen die Teilnehmer gemeinsam Verantwortung übernehmen und „ihre Sache" gemeinsam umsetzen.

Empfehlungen:

- Förderung des emotional unterstützenden Gruppenzusammenhangs („Wir" bzw. Identität als Kollektiv stärken)
- Interdependenzen untereinander aufzeigen und dadurch den Blick auf „das große Ganze" bzw. ein übergeordnetes gemeinsames Thema lenken.

In der Phase des Generativen Dialogs wird die Entwicklung einer kollektiven Identität angesprochen – ein Thema, das sich auch in unseren weiteren Studien als zentral erwiesen hat und das wir im Folgenden vertiefen.

2. Führung als Ermöglichung kollektiver Identitätsbildung und Sinnstiftung
Eine gemeinschaftlich motivierte sowie wertbasierte Identität ist das zentrale Triebwerk von Shared Leadership (vgl. Kap. 3). Das Anerkennen von Interdependenzen sowie die Identifizierung von bedeutsamen gemeinsamen Themen sind Bestandteile dieser Identitätsform. Ihre **energetisierende** Wirkung entfaltet sie über das **Erleben von Sinnhaftigkeit** im gemeinsamen Tun. Im Netzwerk fanden die Unternehmensvertreter in unserer Studie einen Raum hierzu. Anzumerken ist, dass bei unserer Beobachtung alle Mitglieder des Netzwerkes in ihrer anderen Rolle als Unternehmer oder Unternehmensvertreter einem harten Wettbewerb auf dem Markt ausgesetzt waren. Dies ist außerhalb von Non-Profit-Organisationen die Regel. Das Netzwerk diente insofern der Generierung von antizipativem Wissen

zur Problemlösung (z. B. auf dem Gebiet des betrieblichen Umweltmanagement). Aber eben nicht nur und das war entscheidend: Das Netzwerk diente auch der Verwirklichung von übergeordneten „Idealen" oder „Philosophien". Diese empirischen Befunde sind über den Untersuchungskontext hinaus keine Einzelfälle. Denken wir an die vielen Projekte, die sich mit flexiblen Organisationsformen und alternativen Beteiligungsmöglichkeiten ihrer Mitglieder beschäftigen, beispielsweise der österreichische Anbieter von Steuerungstechnologie TELE Haase, der Anbieter von Hotel- und Ferienwohnungen Upstalsboom oder das Unternehmenskollektiv Premium Cola (bzw. Premium Kollektiv). So entspricht das Vorgefundene der im Zeitgeist liegenden Suche nach Sinn sowie dem damit verbundenen Streben, den rein ökonomischen Zielen unternehmerischer Tätigkeit einen Mehrwert beizufügen, nach Möglichkeit für den Einzelnen und die Gemeinschaft (vgl. Müller-Camen und Weibler et al. 2018; Lübbermann et al. 2019; Weibler 2017). In der *New Work* Bewegung bündelt sich dies gerade eindrucksvoll.

Aufgabe einer *identitätsorientierten Führung* ist es, dieses Potenzial zu entfalten. Konkrete Ansatzpunkte hierbei sind:

- Sensibilisierung für Interdependenzen; Förderung des Gefühls, Teil eines größeren Ganzen zu sein, etwa durch Aufzeigen des Wertes auch kleiner Beiträge zur Erreichung einer übergeordneten Mission. Beispielhaft lässt sich dies durch den folgenden Titel eines aktuell publizierten Artikels über kollektive Identitätsbildung illustrieren: *„I'm not mopping the floors, I'm putting a man on the moon"* (Carton 2018)
- Entwicklung gemeinsamer Stories und Ideale, z. B. durch bestimmte Sprachfiguren (vgl. Lern-Dialog)
- Unterstützende Moderationstechniken zur
  - Herstellung von Querverbindungen sowie zur Anregung der Reflexion
  - Förderung eines inklusiven, unvoreingenommenen Austausches, der es ermöglicht, Orientierungen und innere Einstellungen zu zeigen und dadurch Identitäten auszuleben (Vermeidung vorschneller Bewertungen, keine Präsentation vorgefertigter Meinungen sowie „Wahrheiten" oder was dafür gehalten wird).

In konkreten Arbeitssettings (z. B. Projektgruppen) sollte sich die Moderation im Spannungsfeld zwischen offenem, frei fließendem Austausch einerseits und Konsensbildung sowie Entscheidungsfindung andererseits bewegen. Dabei gilt es, kontextsensibel zu agieren. Dies zeigte sich in unserer Studie beispielsweise folgendermaßen: In den Arbeitskreistreffen schaut der Koordinator nach längerer Diskussion immer wieder aufmerksam in die Runde, er sucht Blickkontakt zu den Mitgliedern und versucht, die **Stimmung** einzufangen – im Idealfall ein Gefühl der Übereinstimmung, das es ihm erlaubt, die Vorschläge zu bündeln und konkrete weitere Schritte zur Umsetzung des Projekts vorzuschlagen. Erst wenn das Gefühl vorherrscht, dass man alle Punkte diskutiert hat, wenn also ein unausgesprochener Konsens zu spüren ist, kommt die Runde zu einer Entscheidung.

Dabei wird auch ersichtlich, dass interaktionsbezogene Skills erforderlich sind. Etwa aufmerksames Zuhören sowie ein Gespür für Stimmungen unter den Gruppenmitgliedern in bestimmten Settings sowie für Atmosphären. Es gilt daher die **Wahrnehmungsfähigkeiten** zu fördern. Dies ist möglich auf der Basis von Erkenntnissen zur **Führungsästhetik.** Hier wird aufgezeigt, wie Sinneswahrnehmung und Sinnesstimulation die Führung anreichern können (für eine aktuelle Einführung: Endres und Weibler 2019c). Bei all dem steht die Gruppe als Ganzes im Mittelpunkt. Die Führungsbühne gehört dem Kollektiv. Und hier wird es für viele, die in traditioneller Weise Führung auf das Individuum hin denken, herausfordernd. Schließlich gilt es, den schizophren anmutenden Spagat zwischen dringend gebotener Gestaltung durch übergeordnet einflussreiche Organisations- und Führungsverantwortliche und Zurückhaltung sensibel zu meistern. Dies vertiefen wir anschließend mit dem Fokus auf Führungshandeln von übergeordnet Verantwortlichen.

3. Humble Leadership: Führung aus einer Haltung der Bescheidenheit heraus
Im Mittelpunkt steht die Frage, wie das Zusammenspiel von Plural Leadership und formalen Leitungsstrukturen, wie sie in traditionellen Organisationen vorhanden sind, funktionieren kann. Einfach ist dies nicht. Denn gerade **statushohe** Führungskräfte verhindern aktuellsten Studien zufolge am ehesten die Entwicklung einer Plural-Leadership-Kultur. Statushohe Vorgesetzte zeigten im Vergleich zu statusniedrigeren weniger Bereitschaft, Führung zu teilen und standen einem echten Team-Empowerment eher im Weg (Stewart et al. 2017). Dies macht bereits klar, dass Plural Leadership als eine vom **Top-Management** akzeptierte und aktiv unterstützte Form der Führung zu propagieren ist. Immer wieder wird aber auch berichtet, dass eine grundlegende Wandlung des Verständnisses von Führung nicht durch alle bisher in Führungsverantwortung stehenden Führungskräfte getragen sein kann und will. Deshalb ist dort, wo nicht wie in unserem Netzwerkbeispiel etwas ohne bereits vorhandene Führungsstrukturen entsteht, mit Verwerfungen und Abgängen zu rechnen. Es zeigt sich aber auch, dass Unternehmen, die diese andere Art der Führung praktizieren, wiederum für einen Teil etablierter Führungskräfte aus anderen Unternehmen sowie des Führungsnachwuchses attraktiv werden.

Zu empfehlen ist für die, die diesen Weg gehen möchten, dass Führende aus einer Haltung der Bescheidenheit (humility) heraus agieren und dadurch Entwicklungsprozesse hin zu einer Führung im Plural ermöglichen. Die förderliche Wirkung von Humble Leadership ist in unterschiedlichen Bereichen gezeigt worden, auch im Kontext von Plural Leadership (Chiu et al. 2016; Weibler 2018b). Eine Führung aus einer **Haltung der Bescheidenheit** heraus (Humble Leadership) ist dadurch charakterisiert, sich als Führungskraft zurückzunehmen, eigene Grenzen/ Fehler einzugestehen sowie die Stärken/Erfolge der Teammitglieder in den Mittelpunkt zu stellen. Führende dieser Kategorie sind unvoreingenommen sowie lernbereit. Sie regen dies auch auf der Teamebene an, etwa indem Raum für gemeinsame Erfahrungen geschaffen wird. Sie verzichten darauf, allzu schnell auf Lösungen zu pochen oder diese selbst zur Verfügung zu stellen (Chiu et al. 2016). Hier zeigen sich Parallelen zur Kultivierung von Lern-Dialogen (siehe oben).

Eine Führung aus der Haltung der Bescheidenheit heraus ist immer eine **relationale,** d. h. die Wechselseitigkeit von Beziehungen anerkennende Führungsform (siehe Abschn. 5.1). Sie fußt auf einer beziehungsorientierten Haltung und berücksichtigt das **Netz an Beziehungen,** in die Führung eingebettet ist. Hierbei wird eine *auf Wachstum gerichtete Unterstützung* Einzelner wie Gruppen in den Vordergrund gerückt (Fletcher und Käufer 2003; Endres und Weibler 2017). Eine solche relational ausgerichtete Führung setzt *nicht* auf Kontrolle, Spaltung oder eine auf Beziehungen gemünzte Wettbewerbslogik (Weibler und Endres 2016). Stattdessen treten Zusammenarbeit und Zusammenhalt in den Vordergrund, ohne Individualität in einen unkritischen konformistischen Kollektivismus aufgehen zu lassen. Dadurch kann die **Intelligenz des Kollektivs** genutzt und kreative Erkenntnisse hervorgebracht werden, ohne die Idiosynkrasie des Einzelnen zu verleugnen.

Führungskräfte sind für die Transformation hin zu mehr Plural Leadership unersetzlich. Man muss nicht vom Grenzfall ausgehen, Plural Leadership als einzige Form der Führung in der Organisation zulassen zu wollen. Vielmehr geht es doch ganz pragmatisch darum, aus den eingangs angerissenen Gründen heraus, Führung auf mehr Schultern als bisher zu verteilen. Dazu sind die beschriebenen Schritte mit Augenmaß in die bisherige **Organisationskultur** zu integrieren. Auf dieser Basis sollten die unternehmens- wie personalpolitischen sowie infrastrukturellen Voraussetzungen geschaffen werden. Hervorzuheben ist, dass Führungsverantwortliche diesen Prozess zusätzlich auch durch ihre Sprache und die Art und Weise, wie sie von ihnen verwendet wird, mitgestalten können. Sie können nicht zuletzt durch kommunikative Neuinterpretationen vorhandener Konstellationen oder Problemstellungen zur Transformation oder Unterstützung sozialer (Führungs-)Wirklichkeit beitragen. Ein weiterer Ansatzpunkt ist die Gestaltung von Kontexten.

5.3   Kontext

Der Begriff Kontext ist breit gefasst und meint neben der Materialität von Raumgestaltung auch strukturelle Rahmenbedingungen. Wir knüpfen an unsere Befunde zur Entwicklung von Shared Leadership, hier zum Lern-Dialog sowie zur Identitätsentwicklung, an und ergänzen diese um weitere Aspekte. Hier zeigen sich abschließend auch die quasi natürlichen Begrenzungen, die Plural Leadership nicht mehr sinnvoll erscheinen lassen.

Förderlich für die Kultivierung von Lern-Dialogen sind folgende kontextbezogene Aspekte:

- Ästhetisch positive sowie inspirierende Kontextgestaltung
  - Neue Umgebungen, wechselnde Kontexte für Meetings, inspirierendes Rahmenangebot (Betriebsrundgänge, Ausstellungsbesuche, Impulsreferate) um von Alltag und Ego abzulenken und die Teilnehmenden in eine positiv offene Stimmung als Voraussetzung für intensive Lern-Dialoge zu versetzen
  - Anwendung kunstbezogener Methoden, die ebenfalls positiv zur Herstellung einer kreativen und lernförderlichen Umgebung beitragen und (kollektive) Teamprozesse fördern können
  - Ästhetische Anreicherungen durch entsprechende räumliche Gestaltung der Organisations- und Büroumgebung
- Lernumgebung gestalten
  - Vertrauensvoller Freiraum fürs Experimentieren, offenes wertschätzendes Klima, das es ermöglicht, Gefühle und spontane Empfindungen auszudrücken
  - Verzicht auf vorschnelle Strukturierungen und Entscheidungen
  - Informelle Atmosphäre, Verzicht auf Status-Symbolik (z. B. Verzicht auf Job-Titel); eine Fokussierung auf „Positionen" verdrängt Inhalte und unterminiert offene Denkanstöße.

Diese Aspekte sind auch für kollektive Identitäten förderlich. So sind beispielsweise entsprechende Freiräume nötig, damit die Teilnehmer, die in ihrem Selbstverständnis verankerten Überzeugungen, Werte und Gefühle – und damit ihre Identität – ausdrücken können.

Wie an unterschiedlichen Stellen bereits deutlich geworden ist, ist Plural Leadership (vor allem Shared Leadership) vielfach mit innovativ kreativen Prozessen verknüpft. Hier hat es auch sein größtes Potenzial. Anders gewendet ist Plural Leadership dann nicht mehr sinnvoll, wenn es um Routineaufgaben oder

Standardprozesse geht. Die Befunde verweisen insgesamt darauf, dass Plural Leadership in Konstellationen, die eine hohe Komplexität aufweisen (komplexe sowie neuartige Aufgabenstellungen) besonders sinnvoll ist. Hinzu kommt die hohe Passung für hoch vernetzte wissensintensive Organisationen, die aktuell aufgrund des Transformationsdrucks beständig auf der Suche nach kontextsensitiven innovativen Lösungen sind.

Fazit und Key Take Aways 6

Plural Leadership ist eine seit längerem wissenschaftlich untersuchte Form der Führung, bei der mehrere, potenziell alle Mitglieder einer Gruppe oder Organisation mehr oder weniger gemeinschaftlich als Führende agieren. Echte Plural-Leadership-Prozesse liegen aber nur vor, wenn auf den Plural an Personen in Führungsrollen ein entsprechender Plural an Personen, die sich aktiv in eine Geführtenrolle begeben trifft – kein Plural Leadership ohne *Plural Followership*. Das gilt zunächst für alle Plural-Leadership-Formen. Im Grenzfall hoch ausgeprägter Formen (bei denen dann auch keine erkennbaren Teilführerschaften mehr identifiziert werden können) erübrigt sich letztlich jedoch eine Trennung in „Führende" und „Geführte".

Wir haben deshalb im Weiteren auf eine besonders zukunftsweisende Form fokussiert, ein Plural Leadership, das sich in seiner höchsten Ausprägung als **gemeinschaftlicher Einflussprozess (Shared Leadership)** darstellt. Die Gruppe *als Ganzes* ist dann der Führungsakteur, dessen Denken und Handeln wie selbstverständlich durch das „Wir" anstelle des „Ich" geprägt ist. Was für manche wie eine rein theoretische oder romantisch verzerrte Wunschvorstellung klingen mag, wurde u. a. in unseren empirischen Feldstudien mit relevanten Entstehungsmechanismen bereits mehrfach ausgewiesen. Shared Leadership hat die Chance zu entstehen, wenn kollektive Identitäten kultiviert und in Gemeinschaften einen Raum finden, in welchem sie **sinnstiftend** ausgelebt werden können. Shared Leadership entfaltet sein Potenzial mittels gemeinschaftlicher Lernprozesse. Dadurch kann die kollektive Perspektivenvielfalt und **Intelligenz der Vielen** gebündelt sowie in gemeinschaftliches Voranschreiten transformiert werden. Diese innovative **Form des Lernens** schlägt sich am Ende auch mit positiven Innovationsergebnissen in den Organisationen selbst nieder. Ein schönes Beispiel, wie Form und Inhalt symbiotisch zusammenspielen.

© Springer Fachmedien Wiesbaden GmbH, ein Teil von Springer Nature 2019 41
S. Endres und J. Weibler, *Plural Leadership*, essentials,
https://doi.org/10.1007/978-3-658-27116-9_6

Damit ist Plural Leadership eine der vielversprechendsten Alternativen zur transformationsschädlichen One-Man-Show. Das **zukunftsweisende Potenzial** von Plural Leadership speist sich zusammengefasst aus folgenden Zusammenhängen, die wissenschaftlich bereits gut belegt sind:

1. Plural Leadership ist mit vielfältigen **positiven Ergebnissen** verbunden, und zwar
   - für *Individuen:* höhere **Arbeits- und Lebensqualität** durch weniger Stress, mehr Freude/Wohlbefinden
   - für *Gruppen/Organisationen:* verbesserte Entscheidungsqualität, höhere **Teamfunktionalität, Performance- und Innovationsvorteile**
   - auf der *gesellschaftlichen Ebene:* **Schutzschild** für moralisch verfehltes Verhalten durch Vermeidung elitärer Abkopplung von Führungskräften (mehr Kontrolle/Transparenz).
2. Plural Leadership wird durch die konsequente Berücksichtigung der Geführten-Perspektive sowie der bedeutsamen Rolle sinnstiftender Identitäten **dem Zeitgeist** (siehe *New Work*) in besonderer Weise gerecht.
3. Plural Leadership (als Shared Leadership) ist eine der vielversprechendsten Führungsformen für **post-hierarchische** Organisationen sowie Gruppen mit *selbstorganisierenden Arbeitssettings.*
4. Sein volles Potenzial entfaltet Plural Leadership bei **komplexen, neuartigen Problemstellungen** sowie in wissensintensiven Kontexten. Somit immer dort, wo es um Innovation und Transformation (versus Routineaufgaben und Stabilität) geht.

Key Take Aways

1. Führung ist **kein „Ding",** über das eine „Führungskraft" frei „verfügen" kann, sondern ein beziehungsbezogener **Prozess.** Das heißt, *Führung muss von anderen erst zugeschrieben werden und sich dann fortwährend durch Dialog und im gemeinsamen Tun bestätigen.*
2. Als „*Führungskraft*" mit formaler Führungsrolle ist Ihnen daher stets bewusst, dass Ihre Führerschaft von der **freiwilligen Gefolgschaft anderer** abhängt. Als emanzipierte „*Mitarbeitende*" sollten Sie diese Möglichkeiten zur Mitgestaltung von Führungsbeziehungen auf Augenhöhe aktiv nutzen.
3. Im Sinne einer transformationsförderlichen innovativen Zukunftsgestaltung gehen Sie jedoch immer wieder **noch einen Schritt weiter:** *Begreifen Sie sich weder als „Führungskraft" noch als „Mitarbeiterin oder Mitarbeiter", sondern als Teilhabende an einem gemeinschaftlichen Einflussprozess, den Sie getragen von wertbasierter Zielsetzung zusammen verantwortungsbewusst gestalten.*

4. Halten Sie sich das ausgewiesene **Potenzial,** das Plural Leadership insbesondere bei **komplexen** sowie **neuartigen** Problemstellungen in zeitgenössischen Organisationen hat, vor Augen (siehe oben).

5. Dann wird es leichter gelingen, **Kommunikation** und „Ringen" um Verständigung nicht als negativen „Kostenfaktor" von Plural Leadership, sondern als dessen förderlichen **Entstehungsmechanismus** zu begrüßen und als **Lern-Dialog** zu kultivieren.

© Springer Fachmedien Wiesbaden GmbH, ein Teil von Springer Nature 2019
S. Endres und J. Weibler, *Plural Leadership*, essentials,
https://doi.org/10.1007/978-3-658-27116-9

Literatur

Aubé, C., Rousseau, V., & Brunelle, E. (2018). Flow experience in teams: The role of shared leadership. *Journal of Occupational Health Psychology, 23,* 198–206.

Bolden, R. (2011). Distributed leadership in organizations: A review of theory and research. *International Journal of Management Reviews, 13,* 251–269.

Carson, J., Tesluk, P., & Marrone, J. (2007). Shared leadership in teams: An investigation of antecedent conditions and performance. *Academy of Management Journal, 50,* 1217–1234.

Carton, A. (2018). "I'm not mopping the floors, I'm putting a mon on the moon": How Nasa leaders enhanced the meaningfulness of work by changing the meaning of work. *Administrative Science Quarterly, 63,* 323–369.

Chiu, C.-Y., Owens, B., & Tesluk, P. (2016). Initiating and utilizing shared leadership in teams: The role of leader humility, team proactive personality, and team performance capability. *Journal of Applied Psychology, 101,* 1705–1720.

Crevani, L., Lindgren, M., & Packendorff, J. (2007). Shared leadership: A postheroic perspective on leadership as a collective construction. *International Journal of Leadership Studies, 3,* 40–67.

D'Innocenzo, L., Mathieu, J., & Kukenberger, M. (2016). A meta-analysis of different forms of shared leadership–team performance relations. *Journal of Management, 42,* 1964–1991.

Denis, J.-L., Langley, A., & Sergi, V. (2012). Leadership in the plural. *Academy of Management Annals, 6,* 211–283.

Drescher, M., Korsgaard, M., Welpe, I., Picot, A., & Wigand, R. (2014). The dynamics of shared leadership: Building trust and enhancing performance. *Journal of Applied Psychology, 99,* 771–783.

Dust, S., & Ziegert, J. (2016). Multi-leader teams in review: A contingent-configuration perspective of effectiveness. *International Journal of Management Reviews, 18,* 518–541.

Endres, S., & Weibler, J. (2014). Führung in interorganisationalen Netzwerken – Shared Network Leadership. In L. v. Rosenstiel, E. Regnet, & M. Domsch (Hrsg.), *Führung von Mitarbeitern. Handbuch für erfolgreiches Personalmanagement* (7. Aufl., S. 403–428). Stuttgart: Schäffer-Poeschel.

Endres, S., & Weibler, J. (2017). Towards a three-component model of relational social constructionist leadership: A systematic review and critical interpretive synthesis. *International Journal of Management Reviews, 19,* 214–236.

© Springer Fachmedien Wiesbaden GmbH, ein Teil von Springer Nature 2019   47
S. Endres und J. Weibler, *Plural Leadership,* essentials,
https://doi.org/10.1007/978-3-658-27116-9

Endres, S., & Weibler, J. (2018). Führung in Unternehmensnetzwerken: Wenn kollektive Lernprozesse nicht verstanden werden, dann..". In M. E. Domsch, E. Regnet, & L. v. Rosenstiel (Hrsg.), *Führung von Mitarbeitern, Fallstudien zum Personalmanagement* (4. Aufl., S. 481–484). Stuttgart: Schäffer-Poeschel.

Endres, S., & Weibler, J. (2019a). Understanding (non)leadership phenomena in collaborative interorganizational networks and advancing shared leadership theory: An interpretive grounded theory study. Business Research. https://doi.org/10.1007/s40685-019-0086-6 (open access).

Endres, S., & Weibler, J. (2019b). School Leadership – Eine Neuausrichtung. *Journal für Schulentwicklung, 23*, 49–54.

Endres, S., & Weibler, J. (2019c). Ästhetische Führung: Sinneswahrnehmung und Sinnesstimulation im Führungskontext. *Wirtschaftswissenschaftliches Studium (WiSt), 48*, 50–53.

Ensley, M., Hmieleski, K., & Pearce, C. (2006). The importance of vertical and shared leadership within new venture top management teams: Implications for the performance of startups. *Leadership Quarterly, 17*, 217–231.

Fletcher, J., & Käufer, K. (2003). Shared leadership: Paradox and possibility. In C. L. Pearce & J. A. Conger (Hrsg.), *Shared leadership: Reframing the hows and whys of leadership* (S. 21–47). Thousand Oaks: Sage.

Galperin, B., Bennett, R., & Aquino, K. (2011). Status differentiation and the protean self: A social-cognitive model of unethical behavior in organizations. *Journal of Business Ethics, 98*, 407–424.

Hooker, C., & Csikszentmihalyi, M. (2003). Flow, creativity, and shared leadership: Rethinking the motivation and structuring of knowledge work. In C. L. Pearce & J. A. Conger (Hrsg.), *Shared leadership: Reframing the hows and whys of leadership* (S. 217–234). Thousand Oaks: Sage.

Ingvaldsen, J., & Rolfsen, M. (2012). Autonomous work groups and the challenge of intergroup coordination. *Human Relations, 65*, 861–881.

Kuhn, T., & Weibler, J. (2003). Führungsethik: Notwendigkeit, Ansätze und Vorbedingungen ethikbewusster Mitarbeiterführung. *Die Unternehmung, 57*, 375–392.

Lee, M., & Edmondson, A. (2017). Self-managing organizations: Exploring the limits of less-hierarchical organizing. *Research in Organizational Behavior, 37*, 35–58.

Lübbermann, U., Moll, A., & Schumacher, T. (2019). Einfach mal starten: Konsens bei Premium Cola. *OrganisationsEntwicklung, 2019*(2), 62–66.

Müller-Camen, M., Weibler, J., Matthews, B., & Riess, C. (2018). Transformationen im Personalmanagement: Die Beispiele Sonnentor und Tele Haase. In F. Luks (Hrsg.), *Chancen und Grenzen der Nachhaltigkeitstransformation* (S. 79–93). Wiesbaden: Springer.

Nicolaides, V., LaPort, K., Chen, T., Tomassetti, A., Weis, E., Zaccaro, S., & Cortina, J. (2014). The shared leadership of teams: A meta-analysis of proximal, distal, and moderating relationships. *Leadership Quarterly, 25*, 923–942.

Pearce, C., & Sims, H. P. (2002). Vertical versus shared leadership as predictors of the effectiveness of change management teams: An examination of aversive, directive, transactional, transformational, and empowering leader behaviors. *Group Dynamics, 6*, 172–197.

Raelin, J. (2014). The ethical essence of leaderful practice. *Journal of Leadership, Accountability and Ethics, 11*, 64–72.

Ramthun, A., & Matkin, G. (2014). Leading dangerously: A case study of military teams and shared leadership in dangerous environments. *Journal of Leadership & Organizational Studies, 21*, 244–256.

Reid, W., & Karambayya, R. (2009). Impact of dual executive leadership dynamics in creative organizations. *Human Relations, 62*, 1073–1112.

Salovaara, P., & Bathurst, R. (2018). Power-with leadership practices: An unfinished business. *Leadership, 14*, 179–202.

Sergi, V., Denis, J.-L., & Langley, A. (2012). Opening up perspectives on plural leadership. *Industrial and Organizational Psychology, 5*, 403–407.

Solansky, S. (2008). Leadership style and team processes in self-managed teams. *Journal of Leadership & Organizational Studies, 14*, 332–341.

Stewart, G., Astrove, S., Reeves, C., Crawford, E., & Solimeo, S. (2017). Those with the most find it hardest to share: Exploring leader resistance to the implementation of team-based empowerment. *Academy of Management Journal, 60*, 2266–2293.

Sun, X., Jie, Y., Wang, Y., Xue, G., & Liu, Y. (2016). Shared leadership improves team novelty: The mechanism and its boundary condition. *Frontiers in Psychology, 7*, 1–12.

Sweeney, A., Clarke, N., & Higgs, M. (2018). Shared leadership in commercial organizations: A systematic review of definitions, theoretical frameworks and organizational outcomes. *International Journal of Management Reviews, 21*, 115–136.

Tourish, D. (2014). Leadership, more or less?: A processual, communication perspective on the role of agency in leadership theory. *Leadership, 10*, 79–98.

Uhl-Bien, M., Maslyn, J., & Ospina, S. (2012). The nature of relational leadership: a multitheoretical lens on leadership relations and processes. In D. Day & J. Antonakis (Hrsg.), *The nature of leadership* (2. Aufl., S. 289–330). Thousand Oaks: Sage.

Vine, B., Holmes, J., Marra, M., Pfeifer, D., & Jackson, B. (2008). Exploring co-leadership talk through interactional sociolinguistics. *Leadership, 4*, 339–360.

Wang, D., Waldman, D., & Zhang, Z. (2014). A meta-analysis of shared leadership and team effectiveness. *Journal of Applied Psychology, 99*, 181–198.

Weibler, J. (2013). *Entzauberung der Führungsmythen*. München: Roman Herzog Institut e. V.

Weibler, J. (2016). *Personalführung* (3. Aufl.). München: Vahlen.

Weibler, J. (2017). Über New Work und gesunden Menschenverstand – Experimentierfreude in einem „Unternehmen der Zukunft". https://www.leadership-insiders.de/ueber-new-work-und-gesunden-menschenverstand-experimentierfreude-in-einem-unternehmen-der-zukunft/.

Weibler, J. (2018a). Sind Sie ein Geber oder ein Nehmer? Beides? – Wer handelt am erfolgreichsten? https://www.leadership-insiders.de/sind-sie-ein-geber-oder-ein-nehmer-beides-wer-handelt-am-erfolgreichsten/.

Weibler, J. (2018b). Bescheidenheit ist machtvoll – Führung durch Haltung. https://www.leadership-insiders.de/bescheidenheit-ist-machtvoll-fuehrung-durch-haltung/

Weibler, J., & Endres, S. (2016). Kann die Leadership-Ökonomik zum Verständnis von Führungsphänomenen beitragen?: Eine kritische Bestandsaufnahme. *Managementforschung, 26*, 7–39.

Weibler, J., & Rohn-Endres, S. (2010). Learning conversation and shared network leadership: Development, Gestalt, and consequences. *Journal of Personnel Psychology, 9*, 181–194.